AUFMACHEN

WIE WIR HEUTE KIRCHE VON MORGEN WERDEN

CHRISTINA BRUDERECK · KISUBA KATEGHE · ENDRI SULAKSONO · CLAUDIA WÄHRISCH-OBLAU

Dieses Buch wurde auf FSC®-zertifiziertem Papier gedruckt.
FSC (Forest Stewardship Council®) ist eine nichtstaatliche, gemeinnützige Organisation, die sich für eine ökologische und sozialverantwortliche Nutzung der Wälder unserer Erde einsetzt.

Bibliografische Information der Deutschen Nationalbibliothek
Die Deutsche Nationalbibliothek verzeichnet diese Publikation in der Deutschen Nationalbibliografie; detaillierte bibliografische Daten sind im Internet über http://dnb.d-nb.de abrufbar.

Umschlaggestaltung: JoussenKarliczek GmbH, www.j-k.de
Lektorat: Marlene Fritsch
Gestalterische Umsetzung und Illustration: JoussenKarliczek GmbH, www.j-k.de
Verwendete Schriften: Futura, Rockwell
Gesamtherstellung: CPI - Ebner & Spiegel, Ulm
Printed in Germany
ISBN 978-3-7615-6011-2

www.neukirchener-verlage.de

AUFMACHEN

WIE WIR HEUTE KIRCHE VON MORGEN WERDEN

CHRISTINA BRUDERECK · KISUBA KATEGHE
ENDRI SULAKSONO · CLAUDIA WÄHRISCH-OBLAU

neukirchener
aussaat

VEM

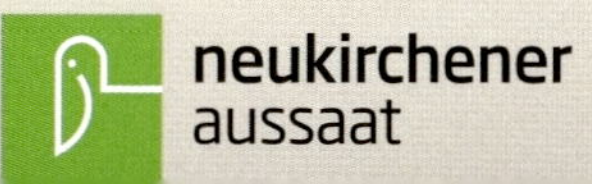

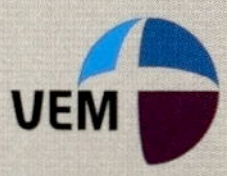

POPULÄRE KULTUR IST DER ALLTAG UM UNS HERUM.

ZUM BEISPIEL …

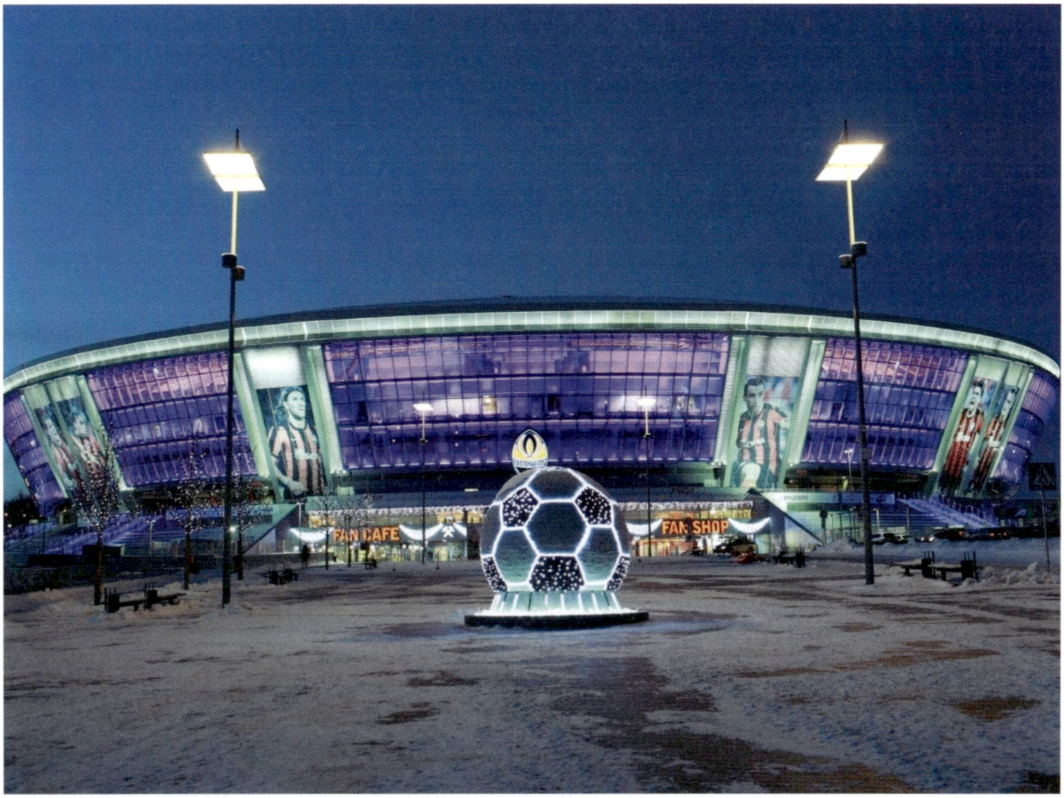
FAN CAFE
FAN SHOP

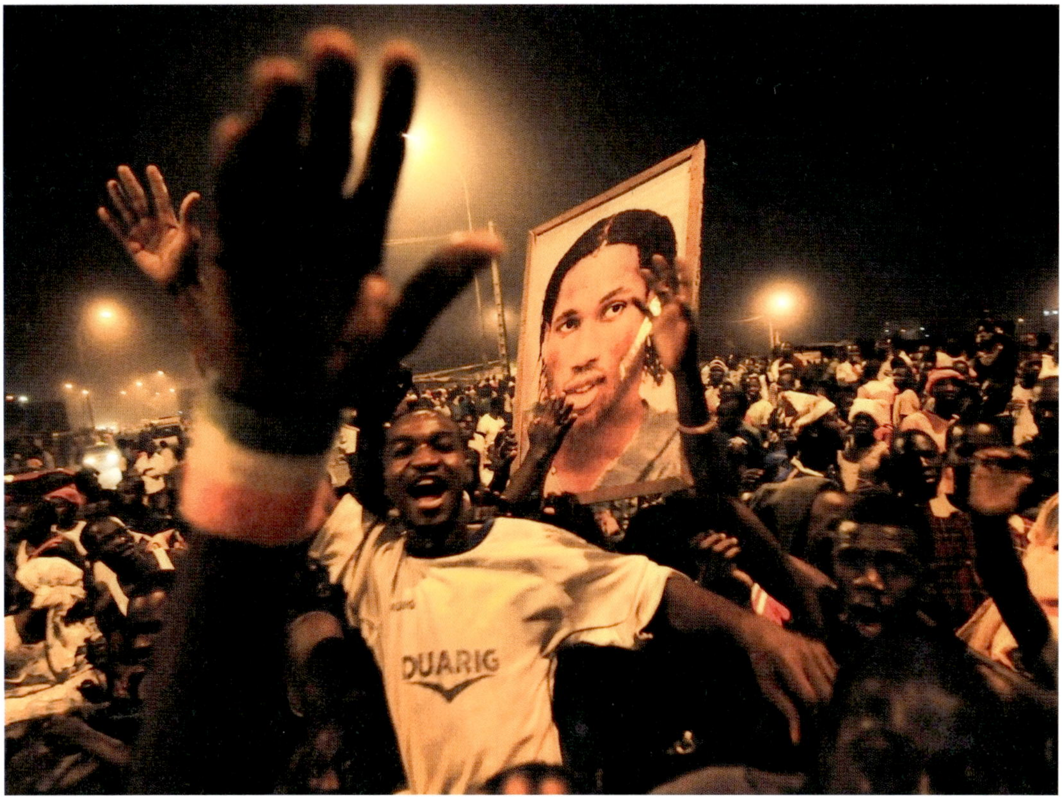
DUARIG

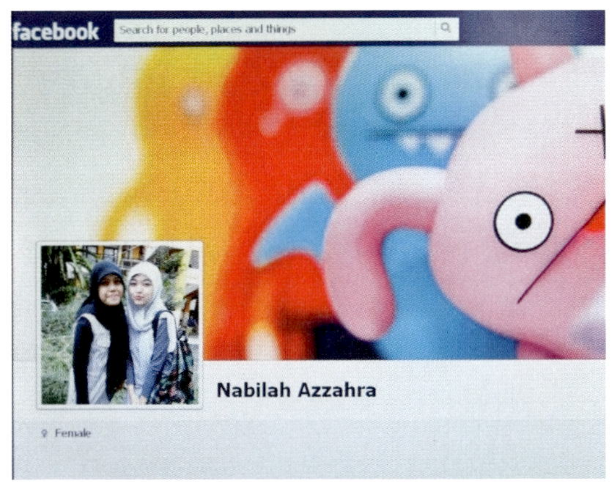

facebook
Search for people, places and things
Nabilah Azzahra
Female

Like

TRUST
JESUS

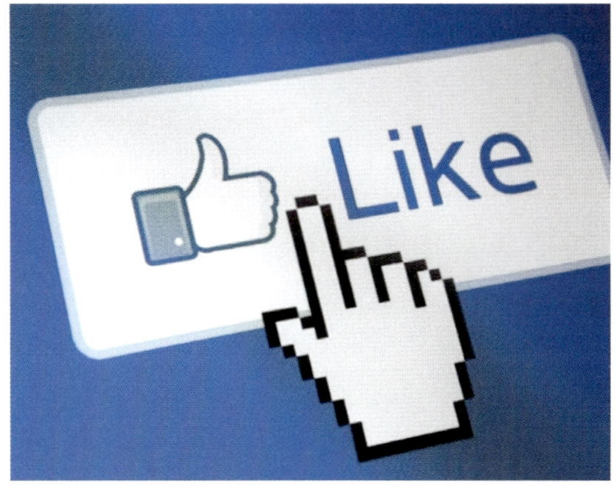

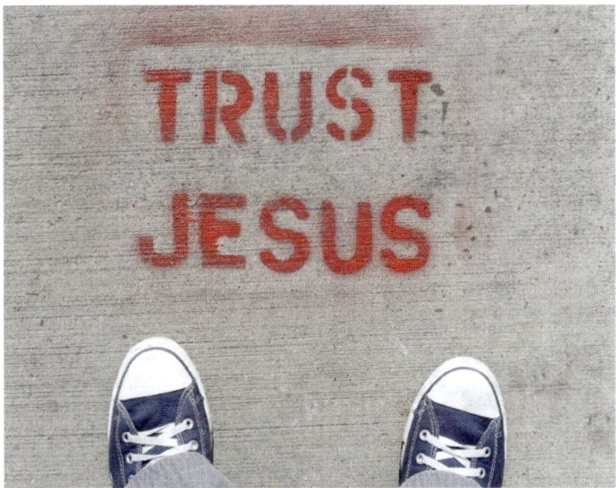

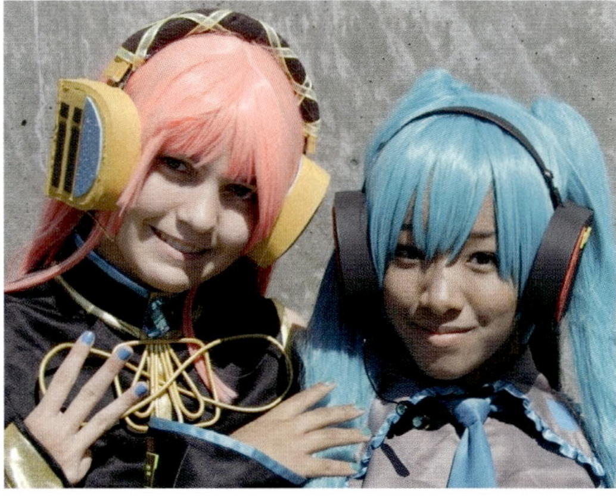

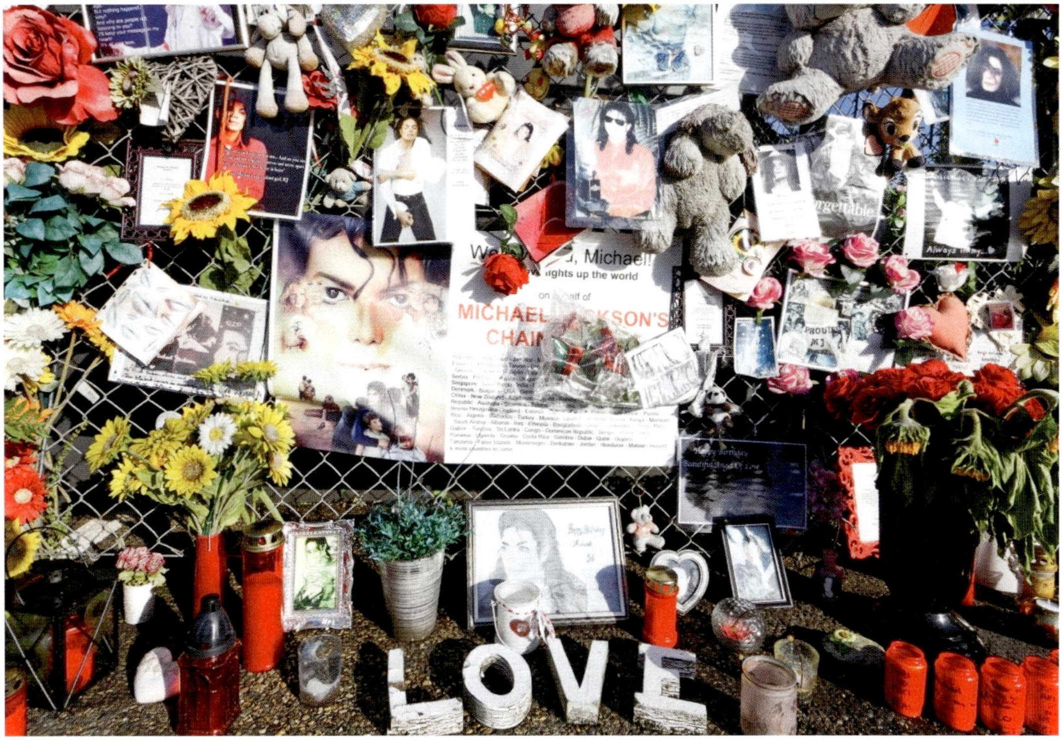
LOVE

SARAP NG
Coca-Cola
MARJOY Eatery & Sari Store

TOYOTA

Coca-Cola

Coca-Cola
Corona Light
tkts

Coca-Cola
טעם החיים

可口可乐
神戸南京町
可口可乐
the Coke side of Life

كوكا كولا
كلنا بنتكلم كوره
المشروب
الرسمي
لكأس
العالم
٢٠٠٦FIFA
2006 FIFA WORLD CUP GERMANY
Coca-Cola

Coca-Cola
Enjoy!

新世界
北京新世界商场
肯德基
KFC

L'ORÉAL
PARIS
雅戈尔衬衫西服
maxell

INHALT

WARUM WIR DIESES BUCH GEMACHT HABEN

... WEIL DIE MEISTEN MENSCHEN IN DEUTSCHLAND ORGELMUSIK NICHT AUSSTEHEN KÖNNEN.

... WEIL SCHON 40 MILLIONEN INDONESIER AUF FACEBOOK SIND.

... WEIL JEDES JAHR HUNDERTTAUSENDE VON MENSCHEN VOM DORF NACH KINSHASA, DAR ES SALAAM ODER DOUALA ZIEHEN.

In der Vereinten Evangelischen Mission (VEM) haben sich 35 evangelische Kirchen aus Deutschland, Afrika und Asien zusammengetan, um sich gegenseitig in ihrer Missionsarbeit zu unterstützen. Dabei entdecken sie, dass sich ihre Probleme und Herausforderungen zunehmend ähneln: Traditionelle Gemeindestrukturen passen nicht mehr zu veränderten Milieus, Mobilität und neuen sozialen Netzwerken. Kirchliche „Kultur" ist zunehmend die Kultur der Älteren, der traditionalistisch geprägten Mittelschichten oder der Globalisierungsverlierer in den Dörfern. Die junge Generation kehrt den Kirchen den Rücken, ist entweder ganz unkirchlich oder strömt in charismatische Gemeinden. Pfarrer sind durch Leitungs- und Verwaltungsaufgaben so überlastet, dass ihnen zu wenig Zeit für solide Predigtvorbereitung bleibt. Allen ist klar, dass die Kirche sich verändern muss – aber wie und in welche Richtung, das ist sehr umstritten.

Darum hat die VEM 2010 eine internationale Arbeitsgruppe eingerichtet, die sich mit dem Thema „Evangelisation und populäre Kultur" beschäftigt hat. Zu ihr gehören:

Christina Brudereck: Schriftstellerin, Dichterin und Evangelistin in Deutschland;
Kisuba Kateghe: Pfarrer und Evangelist in der Demokratischen Republik Kongo;
Endri Sulaksono: Maler, Fotograf und Kunstlehrer in Indonesien;
Claudia Währisch-Oblau: Theologin, Leiterin der Abteilung Evangelisation in der VEM.

Die Arbeitsgruppe hat intensive Besuchsprogramme in großstädtischen Kontexten in Deutschland (Ruhrgebiet), Indonesien (Malang/Surabaya auf Java) und Tansania (Dar es Salaam) absolviert. Wir waren in Shopping Malls und Fußballstadien, in Slums und schicken Vorortvillen, in Strandkneipen und Biergärten und ganz unterschiedlichen Kirchengemeinden. Wir haben mit Pfarrerinnen und Pfarrern gesprochen, mit kirchlichen Mitarbeitenden, mit Jugendlichen, mit Künstlern und Musikerinnen, mit Geschäftsleuten und Grafikdesignern, und haben dabei festgestellt, dass die interessantesten Ideen, die kreativsten Projekte, die spannendsten Entwicklungen meist an den Rändern oder gleich ganz außerhalb unserer Kirchen zu finden sind.

Christina Brudereck *(– CB)*

Kisuba Kateghe *(– KK)*

Endri Sulaksono *(– ES)*

Claudia Währisch-Oblau *(– CWO)*

An einem regnerischen Morgen besuchten wir in Dar es Salaam einen Hindutempel der indischen Minderheit. Wir waren zu mehreren: Die internationale VEM-Arbeitsgruppe „Evangelisation und populäre Kultur", Mitarbeitende aus dem VEM-Büro in Dar es Salaam und ein einheimischer lutherischer Pfarrer, der für uns ein Treffen mit dem leitenden Priester vereinbart hatte. Wir waren es nicht gewohnt, dass wir am Eingang des Tempels die Schuhe ausziehen mussten, und fühlten uns plötzlich sehr verwundbar. Während wir auf den Priester warteten, sahen wir uns um, sahen fremde Symbole, Statuen, Gemälde und an den Wänden Verse aus Schriften, die wir nicht kannten. Wir alle fühlten uns fremd, befangen, waren unsicher, wie wir uns benehmen sollten. Die lutherischen Pfarrer unter uns trugen ihre Priesterkragen, als ob sie schon mit ihrer Kleidung deutlich machen wollten, wer sie sind.

Der junge Hindu-Priester, der dann zu uns stieß, war genauso befangen. Auch seine Erscheinung signalisierte, wer er war: Er trug eine safranfarbene Robe, hatte ein rotes Zeichen auf die Stirn gemalt und Henna-Tattoos auf seinen Händen. Wie wir war er barfuß.

Er erzählte uns, dass er kein tansanischer Inder sei, sondern ein Student aus Gujarat in Indien. Obwohl er eigentlich Betriebswirtschaft studiere, habe er ein Jahr freigenommen, um als Freiwilliger Priester in diesem Diasporatempel zu sein. „Ein bisschen wie ein ‚Jahr für Gott'", dachte ich – ein Versuch, im Fremden etwas Vertrautes zu finden.

Der Priester führte uns durch den Tempel und erzählte uns die Geschichte des Gottes Swaminarayan, der dort verehrt wird. Doch die Atmosphäre blieb steif und befangen. Jeder von uns schien den anderen nur als Vertreter einer fremden, ziemlich unbekannten Religion wahrzunehmen, und das lähmte uns. Nach ungefähr 30 Minuten wussten wir nicht mehr, worüber wir noch miteinander reden sollten.

Doch plötzlich hob der Priester den Blackberry hoch, den er die ganze Zeit in der Hand gehalten hatte, und fragte: „Ist jemand von Ihnen auf Facebook?" Zwei Mitglieder unserer Arbeitsgruppe zückten sofort ihre Smartphones und fügten den jungen Priester zu ihrer Freundesliste hinzu, während der Priester sie gleich online als seine Freunde bestätigte. Innerhalb einer Minute veränderte sich die Atmosphäre – plötzlich waren wir nicht mehr steif und formell, sondern entspannt und uns viel näher. Trotz der Unterschiede in unseren kulturellen Hintergründen, Religionen und Lebenserfahrungen hatten wir plötzlich einen Weg gefunden, miteinander ins Gespräch zu kommen – populäre Kultur in der Globalisierung! Wir redeten noch eine weitere Dreiviertelstunde miteinander, angeregt und engagiert. Zurück im Hotel sahen wir uns die Facebook-Seite des Priesters an.

Kurzum: Darum müssen wir als Christen und Kirchen populäre Kultur verstehen. Die Entwicklung von internetbasierten sozialen Netzwerken schafft neue Gemeinschaften ebenso wie neue Trennungen, die nichts mehr mit dem zu tun haben, was wir von früher gewohnt sind. – *CWO*

Christina hatte mir von ihrer Kirche erzählt, aber ich erwartete nichts Besonderes. Kirche ist Kirche, auch wenn die Sitzordnung vielleicht ein bisschen anders ist. Und von außen sah St. Immakulata wie eine ganz normale Kirche aus.

Doch beim Hereinkommen dachte ich, ich sei plötzlich in ein Café versetzt worden. Das fühlte sich überhaupt nicht nach Kirche an! Live-Musik. Leute fläzten sich auf Sofas und klönten miteinander. Überall standen kleine runde Tische mit bunten Kerzen, Blumensträußen und Getränken. Das Licht war gedämpft und romantisch. Die großen Stoffbahnen unter der Decke ließen mich an ein arabisches Zelt denken. Die Band saß auf Barhockern neben einem Flügel und war mit Scheinwerfern angestrahlt.

Der Gottesdienst begann, und es gab ganz unterschiedliche Musik. Manche Leute sangen mit, andere hörten einfach zu. Wir sangen auf Deutsch und Englisch; ich konnte einfach mitsingen. Zwischendurch trat ein junger Mann im Kapuzenpulli auf und rappte biblische Texte.

Eine klassische Predigt gab es nicht. Stattdessen sahen wir auf einer großen Leinwand Szenen aus einem alten Western: „High Noon". Keine Bibellesung, aber zwei Frauen diskutierten darüber, was dieser Film mit unserem Leben zu tun hat: Was sollen wir tun, wenn wir dem Bösen gegenüberstehen … Interessant! Das war die Predigt!

Während die Kollekte eingesammelt wurde, wurde auch ein Teller mit Süßigkeiten herumgereicht. Man konnte sich Schokolade oder ein Bonbon nehmen, bevor man etwas gab. Das ist eine schöne Weise, zu geben und zu nehmen, und verleiht ein süßes Gefühl, wenn man Gott etwas gibt.

Der Gottesdienst endete mit einem Buffet-Abendessen. Die Leute saßen um kleine Tische herum, aßen und redeten miteinander.

Einen solchen Gottesdienst hatte ich noch nie erlebt. An diesem Tag habe ich Jesus aus einem ganz neuen Blickwinkel gesehen. *– ES*

Ich kam mit einer Frage in unsere Gruppe: Ist es möglich, die von mir so geschätzte differenzierte theologische Rede und die von mir ebenso geliebte Kultur meines Milieus und meiner Generation zusammen in einem Raum zu erleben? Rockmusik und die Bibel in gerechter Sprache? Cocktails und Gebete? Hippe Mode und soziale Gerechtigkeit?

Java. Ein Wohnzimmer in Malang. Dreißig Plastikhocker stehen bereit für dreißig junge Leute. Sie erscheinen innerhalb kurzer Zeit, und von einem Moment auf den anderen beginnt die Chorprobe. Ich denke, ich bin in einer Kathedrale. Mendelssohn-Bartholdy. Dann folgt ein Kinderlied, leicht, intensiv, so harmonisch, sechsstimmig. Anschließend hören wir ein Sufi-Lied, das uns in die Wüste entführt. Stromausfall, plötzlich ist es dunkel. Ein Gewitter tobt. Aber alle singen trotzdem weiter, by heart, auswendig. Es folgt ein traditionelles javanisches Lied, vorgetragen mit Klatschen und Stampfen, die Hocker sind beiseitegeschoben worden und ich denke: Wir sind in einem Urwald. Danach finde ich mich in einer kleinen Kapelle in Siena wieder, kniend, anbetend, höre eine leise Hymne, die ich innerlich sofort mitsingen kann. Dann folgt völlig überraschend: „Gottes ist der Orient, Gottes ist der Okzident. Nord- und südliches Gelände ruht im Frieden seiner Hände." Deutsche Worte, Goethe, vertont von Robert Schumann – unglaublich! Mitten in Malang. „Music is universal", sagt einer. Hier singen Christen, Katholiken, Protestanten, Muslime, Hindus gemeinsam. Musik ist eine Sprache, die alle Menschen in dieser Welt verstehen; sie überwindet Grenzen.

In diesem Wohnzimmer, weit weg von meiner Heimat, habe ich in diesem Moment erlebt, wie mein Traum von einem Zuhause für meine Seele wahr wurde. Überraschend, denn da war keine theologische Reflexion, keine Bibelarbeit. Aber diese Mischung von Worten, Liedern und Menschen berührte mein Herz. *– CB*

Zu diesem Buch gibt es eine Internetseite. Dort können Sie Arbeitsmaterialien zu diesem Buch herunterladen. Außerdem entsteht dort ein Schaufenster, in dem innovative Ideen, Projekte und Anregungen für eine Kirche von morgen ihren Platz haben.

www.kirche-aufmachen.de

Vor meinem Besuch bei diesem Fernsehsender in Surabaya hatte ich noch nicht wirklich verstanden, was Paulus meint, wenn er davon spricht, „allen alles zu werden". Als Endri uns erzählte, dass er einen Besuch dort plante, dachte ich, wir würden einfach nur ein wenig das Studio besichtigen. Wir wurden dort sehr freundlich begrüßt und durften dann zusehen, während eine Live-Talkshow produziert wurde. Während der Werbeunterbrechungen konnten wir uns mit den Moderatoren unterhalten. Dann kam ein Redakteur, um uns zu interviewen – dieses Interview sollte dann später gesendet werden. Er fragte nach unseren Eindrücken und wie wir fanden, was wir gesehen hatten. Ich nutzte die Gelegenheit, um den Indonesiern für ihre Gastfreundschaft zu danken.

Dann führte man uns in ein anderes Studio, wo gerade eine Live-Musikshow produziert wurde. Auf der Bühne standen einige junge Frauen mit schrillem Make-up und in sehr knappen Kleidchen. Davor drängten sich viele Leute, die von der Straße hereingekommen waren, um dieser Show zuzusehen. Ich wurde ein bisschen nervös und dachte, dass dies doch nicht so wirklich der rechte Ort für mich als Pastor sei. Und dann wurden wir plötzlich gebeten, zu den Sängerinnen auf die Bühne zu kommen! Ich war geschockt. Das war nicht einfach! Sie baten uns, uns vorzustellen, und dann sollten wir während des nächsten Songs mittanzen. Ich bin ein konservativer Baptistenpastor, ich tanze nie zu säkularer Musik! Die anderen Teammitglieder fühlten sich auch nicht richtig wohl, aber wir sahen einander an und machten einfach mit. Wir konnten uns doch nicht verweigern, das war doch alles live auf Sendung! Die Band begann zu spielen, die Leute im Studio tanzten, und meine Teammitglieder tanzten auch. Also reihte ich mich ein, obwohl mein Gewissen heftig protestierte. Später fragte ich mich, was ich da eigentlich getan hatte.

Am Abend in meinem Zimmer betete ich für alles, was wir am Tag erlebt hatten. Dann dachte ich über mein Tanzen nach. Ich suchte in der Bibel nach einem Beleg, was Jesus wohl in so einer Situation getan hätte. Ich dachte, dass dies vielleicht so war wie mit Jesus und den Zöllnern, mit denen er in ihren Häusern gegessen hatte. Ich dachte auch an Paulus, der sagt: „Ich bin allen alles geworden, damit ich auf alle Weise wenigstens einige rette" (1. Korinther 9,22). Und mir wurde klar, dass wir in einer so fremden Umgebung darauf hören müssen, was Gott von uns will, und uns nicht an unserem traditionellen Denken festhalten dürfen. *– KK*

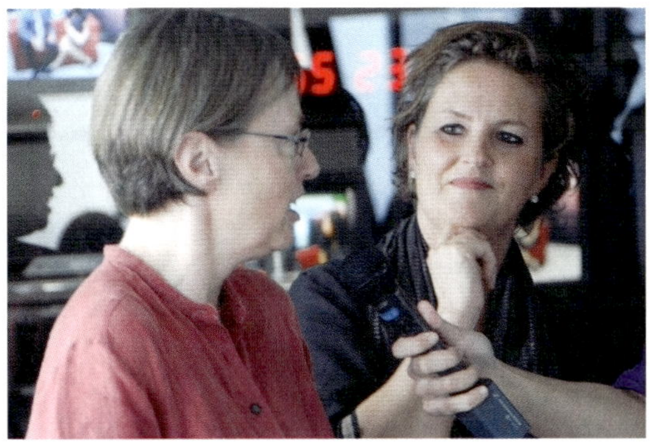

LIEBE GOTT. LIEBE DICH SELBST. LIEBE DEINEN NÄCHSTEN. INVESTIERE IN SIE ALLE.

Gute Evangelisation ist nicht eine Sache ausgefeilter Methoden, sondern der Liebe. Wenn Sie in Gott verliebt sind, wird diese Liebe überschwappen. Und wenn Sie es erlauben, dass Gottes Liebe Ihr Leben füllt, wird Sie das so verändern, dass andere davon angezogen werden. Wenn Sie andere lieben, werden Sie wissen, was sie brauchen und wonach sie sich sehnen; dann wissen Sie, wie Sie ihnen von Jesus erzählen können.

Und zum Schluss: Evangelisation heißt nicht nur, Menschen zu Christus zu führen. Es geht auch darum, dass die Kirche Jesus Christus so folgt, dass diejenigen, die sich entscheiden, Christus nachzufolgen, sich dort willkommen und wertgeschätzt fühlen.

WIE DIESES BUCH FUNKTIONIERT

Mit diesem Buch wollen wir Ihnen, unseren Leserinnen und Lesern, keine fertigen Rezepte oder Strategien vorlegen.

Stattdessen möchten wir Ihre Fantasie füttern. Wir möchten Sie herausfordern und ermutigen, Ihren eigenen Weg zu finden, um in Ihrer spezifischen Situation, an Ihrem Ort oder in Ihrer Subkultur Zeugin und Zeuge Jesu Christi zu sein.

Darum ist der Kern dieses Buchs ein Fragebogen, der Ihnen hilft, sich selbst zu reflektieren und eine Haltung des Hörens auf den Heiligen Geist und auf die Menschen um Sie herum zu entwickeln. Sie können für sich allein damit arbeiten oder das gemeinsam in einer Gruppe oder Gemeinde tun. Wir machen Vorschläge, wie das funktionieren könnte – es geht aber auch ganz anders. Probieren Sie es einfach aus!

?

Um diesen Fragebogen herum erzählen wir Ihnen Beispiele, die uns beflügelt haben (Reportagen). Sie sind nicht als Kopiervorlagen gedacht, sondern als Futter für Ihre eigenen Ideen, Pläne und Vorhaben.

R

Zudem finden Sie in diesem Buch einige Bibelarbeiten. Sie sind hervorgegangen aus dem gemeinsamen Bibellesen unserer Arbeitsgruppe und nicht als fertige Auslegungen zu verstehen, sondern als Anregungen, diese Texte allein oder gemeinsam neu zu entdecken und zu sehen, was sie zu Ihrer Situation zu sagen haben. Die Gebete, die wir aufgeschrieben haben, können dann vielleicht auch Ihre werden.

B

Und weil zum Nachdenken schließlich auch eine solide Basis gehört, gibt es außerdem noch neun theologische Grundgedanken, dicht und ziemlich anspruchsvoll, Schwarzbrot zum langsamen Kauen.

G

Die einzelnen Textkategorien können Sie leicht an den Kreisen mit den jeweiligen Anfangsbuchstaben unterscheiden. Und wer das jeweilige Kapitel geschrieben hat, sehen Sie an dem Kürzel am Ende des Textes.

Sie können dieses Buch von vorn nach hinten lesen oder mit den Beispielen oder den Grundgedanken anfangen. Vielleicht möchten Sie auch lieber (fast) beliebig darin blättern und die Aphorismen oder Bilder auf sich wirken lassen – ganz so, wie es Ihnen am besten passt.

A

BEL
亞賓館
HOTEL
雞
~H2
賓館
HOTEL
CITICALL
MX
香港寬頻
香港寬頻
bb100
$99

A

EVANGELISATION BESTEHT NICHT DARIN, DAS EVANGELIUM ZU DEN MENSCHEN ZU BRINGEN, SONDERN MIT ANDEREN ZUSAMMEN DIE GEGENWART GOTTES IN DER WELT ZU ENTDECKEN.

WIE? UNTERSCHEIDEN?

Die Grundfrage dieses Buches lautet: Wie können wir entscheiden, welche kulturellen Entwicklungen wir fröhlich annehmen und welchen wir Widerstand entgegensetzen?

Wir stellen diese Frage in dem Wissen, dass jede Kirche immer sowohl „inkulturiert" als auch „Gegenkultur" sein muss. Denn jede Kultur hat Werte und Verhaltensweisen, die eine Kirche annehmen muss, damit sie Teil dieser Kultur sein kann. Doch gleichzeitig gibt es in jeder Kultur auch Werte und Verhaltensweisen, die die Kirche zurückweisen und kritisieren muss, damit sie Jesus Christus treu bleibt. Nach welchen Kriterien lässt sich das jedoch voneinander unterscheiden?

Das führt uns zu einer zweiten Frage, nämlich der nach geistlicher Bewertung: Wie können wir erkennen, wo der Heilige Geist in einer bestimmten kulturellen Entwicklung am Werk ist? Und wann müssen wir folgern, dass böse Mächte dahinterstehen?

In der Folge wird es noch komplizierter: Wenn wir entscheiden, dass eine bestimmte kulturelle Entwicklung dem Evangelium widerspricht, können und sollen wir dann trotzdem darin präsent bleiben, um evangelistisch zu wirken? Und wenn ja, wie? Ist es möglich, „in" der Welt zu sein, ohne „von" der Welt zu sein?

Ein Beispiel: Manche Christen glauben, dass die Konsumhaltung, die sich mit der globalisierten Populärkultur verbreitet, allem widerspricht, was Jesus über Geld und Besitz gesagt hat. Sie meinen, dass die Kirche so leben müsse, dass sie eine Alternative zum Konsum aufzeigt. Doch wie kann sie dann Menschen erreichen, die in dieser Konsumkultur leben und sie verinnerlicht haben? Und das, ohne diese Menschen dann zu Konsumenten des Evangeliums zu machen?

Ein anderes Beispiel: Eine Kirche steht fest zu ihrer Überzeugung, dass Homosexualität in der Bibel verdammt wird. Aber wie kann diese Kirche Homosexuelle mit dem Evangelium erreichen? Es ist einfach zu sagen, dass man zwischen der Sünde und dem Sünder unterscheidet – in der Praxis ist das jedoch sehr schwierig!

Das heißt: In jeder Kultur, in jeder Gesellschaft müssen wir Christen uns immer wieder danach fragen, ob unsere Werte und unsere soziale

Organisation, unsere Musik, unsere Liturgie und unser alltägliches Verhalten dem Evangelium von Jesus Christus entsprechen.

Gleichzeitig müssen wir uns fragen, ob unsere Werte und unsere soziale Organisation, unsere Musik, unsere Liturgie und unser alltägliches Verhalten das Evangelium von Jesus Christus so widerspiegeln, dass die Menschen um uns herum seine Liebe zu und seine Sehnsucht nach ihnen erkennen können.

Diese Fragen sind aus zwei Gründen nicht leicht zu beantworten: Erstens sind wir immer beeinflusst von unseren eigenen kulturellen Voraussetzungen und Vorurteilen. Wir leben und atmen in unserer Kultur, und ihre Werte durchsetzen unser Bewusstsein genauso wie unser Unbewusstes. Manchmal erkennen wir das erst, wenn wir ins Ausland reisen und erleben, dass etwas, was für uns völlig „normal" oder „natürlich" ist, anderen fremd oder sogar böse erscheint.

Zweitens: Wir haben nicht das „reine" Evangelium, das heißt eine Sammlung von Wahrheiten, die von jeder Kultur unabhängig sind und die wie ein Maßband genutzt werden können, um zu erkennen, was richtig und was falsch ist. Stattdessen haben wir vier Evangelien (von Matthäus, Markus, Lukas und Johannes) mit deutlich unterschiedlichen Schwerpunkten, wir haben die Apostelgeschichte, und wir haben die Briefe und die Offenbarung – konkrete Botschaften, die für ganz bestimmte Menschen mit ganz bestimmten Fragen zu einer ganz bestimmten Zeit geschrieben wurden. Auch wenn manche das versuchen: Man kann aus diesen Gelegenheitsschriften nicht „das Evangelium" destillieren, das in jeder gegebenen Situation und an jedem gegebenen Ort wahr und richtig ist. Darüber hinaus liest jede und jeder von uns die Bibel mit einer „Brille", die durch unsere eigenen Erfahrungen und unsere Umwelt bestimmt ist. So leuchten manche biblischen Wahrheiten uns sofort ein, während wir andere übersehen oder missverstehen.

Deshalb: Lasst uns die Bibel lesen und darauf hören, was ihre Autoren in ihrer Zeit und Kultur zu sagen hatten. Und lasst uns gleichzeitig fragen, was sie uns in unserer Zeit und Kultur sagen wollen. Lasst uns dann mit anderen Christen reden – am besten mit solchen, die aus einer anderen Kultur kommen oder die anders geprägt sind, weil sie die Bibel vielleicht anders verstehen als wir selbst. So können wir uns gegenseitig die Augen für unsere eigenen Vor- und Missverständnisse öffnen und besser erkennen, was Gott von uns erwartet. *– CWO*

REPORTAGE 1

KREATIVER STROM

Malang, auf der indonesischen Insel Java. Eine Nebenstraße mit blühenden Bäumen. Ein unauffälliges Schiebetor. Dahinter ein Büroraum. Voller Technik. Große Bildschirme. Modernste Geräte. Bekannte Marken. Es fließt viel Strom.

Zwei Grafik-Designer, Pandu Wijaya und Dirga Primadian, heißen uns willkommen. Sie sind jung, noch keine dreißig, tragen Jeans, Turnschuhe, haben gestylte Frisuren und auffällige hippe Motto-Shirts. Selbstgemacht, wie wir später erfahren. Freundlich, etwas scheu zeigen sie uns, woran sie zurzeit arbeiten. Offensichtlich wissen sie unser Interesse an ihrer Arbeit nicht ganz einzuordnen.

Fasziniert schaue ich auf den großen Bildschirm. Wayang, das traditionelle indonesische Schattenspiel, verbindet sich vor meinen Augen mit modischem Design. Die schwarzen Figuren erzählen vor dem Hintergrund von knalligen Farben und stilvollen Ornamenten eine Geschichte, die mir bald bekannt vorkommt: Von der Schöpfung über Beispiele aus der Urerzählung bis hin zu Jesus geht es einmal durch die ganze Bibel. Die Sprecherstimme erzählt in javanisch oder indonesisch, sodass ich nichts verstehe, aber die Bilder sind zunächst sprechend genug. Am Ende der Vorführung bin ich einen Moment lang sprachlos, so beeindruckend ist diese Mischung aus kulturellem Erbe und eigener Kunst. Es ist tatsächlich viel Energie im Raum, denke ich noch einmal. Aber nicht nur, weil die Rechner brummen, sondern weil die beiden jungen Grafiker so begabt, leidenschaftlich, konzentriert sind.

„the resource of creativity", designer: pw

Wir fragen nach einem englischen Text. „Ja sicher!", sagt Pandu und entschuldigt sich, uns nicht gleich diese Version gezeigt zu haben, der wir auch sprachlich folgen können. Dieselben Bilder erscheinen auf dem Bildschirm sowie der Titel: „The Prophet's Story". Aber alles Originelle wird jetzt überlagert: von Phrasen, allzu bekannten Bibelzitaten, frommen Formeln. Ich bin enttäuscht. Der Zauber ist verflogen. Pandu erklärt, „The Prophet's Story" sei eine Auftragsarbeit für einen amerikanischen Missionar, der sehr zufrieden sei mit dem Ergebnis. Ich fühle mich, als habe jemand den Stecker herausgezogen ...

Wir fragen nach anderen Projekten, wollen gerne weitere Arbeiten sehen. Keine Auftragsarbeiten, sondern lieber eigene Ideen von Pandu und Dirga. Die beiden sind überrascht, zögern und präsentieren dann ein paar erste Bilder. Von unserer Neugier und von unserem positiven Feedback angesteckt, zeigen sie uns mit zunehmender Begeisterung Poster, Postkarten, T-Shirts. Besonders berührt uns eine Serie zum Thema „Japan" (Erdbeben und Reaktorkatastrophe von Fukushima liegen zu diesem Zeitpunkt gerade einmal eine Woche zurück): „Japan" wird mit keinem Wort erwähnt, alleine die knallrote Sonne der japanischen Flagge ist auf unterschiedlichste Art in die Bilder eingearbeitet. Sie zeigen Hoffnung, Verzweiflung, Zukunftsangst oder wirken wie kurze Gebete.

Fotos, Typografie, Stil und Inhalt sprechen uns sehr an. Wir sind überzeugt, auch für junge Europäer und Europäerinnen wären die Ideen der beiden wirklich attraktiv. Schnell entsteht die Idee, eine Ausstellung mit Pandus Bildern in Deutschland zu organisieren. Ich überlege, einen eigenen Text zu „The Prophet's Story" zu schreiben. Hier fließt Strom. Eine Energie, die, je ursprünglicher sie sein darf, umso mehr auf andere übergeht. *– CB*

Was würde passieren, wenn wir Künstler nicht zwingen würden, unsere Sprache zu sprechen?

„Die Kirche benutzt oft die Kunst anstatt sie sich zu eigen zu machen"

EIN INTERVIEW MIT DEM MUSIKER BEN OKAFOR

Ben Okafor wurde als Benedict Chukwudebelu Okafor in Enugu, Nigeria, geboren. Heute wohnt er in Großbritannien und ist ein international bekannter Künstler mit sozialpolitischem Bewusstsein, Sänger, Songwriter, Musiker, politischer Aktivist, humanitärer Helfer, Dichter und Autor.

Ben wurde als ältestes von acht Kindern geboren. Seine Musik und sein frühes Leben sind geprägt von seinen Erfahrungen als Opfer des Bürgerkriegs in Nigeria. Im Alter von dreizehn Jahren kämpfte er als Kindersoldat. Das Leiden und die Zerstörung, die er in dieser Zeit wahrnahm, begannen schon bald, seine Liedtexte zu beeinflussen. Seine Lieder sind ein herzzerreißender Appell für Gerechtigkeit, Wahrheit und Liebe.

Bens früheste musikalische Erinnerungen sind die an Straßen-Performances von westafrikanischem Highlife, Straßentänzern und Trommlergruppen auf den Marktplätzen im östlichen Nigeria. Kirchenmusik der Igbo und aus Europa und die Liebe seiner Mutter zu Miriam Makeba bestimmten zusammen mit späteren Einflüssen von James Brown, Jimmy Cliff, den Beatles, den Rolling Stones, Fela Kuti, und – unvermeidbar – den Wailers seine eigene Musik. Bens Sound ist eine Kombination seines reichen lyrischen afrikanischen Erbes, klassischem Folk-Protest und drängenden Reggae-Beats.

Ben kam 1979 nach Großbritannien und ließ sich in den Midlands nieder, wo er schon bald zwei Alben mit dem Produzenten Bob Lamb veröffentlichte, der zunächst auch UB 40 produzierte. Bens Engagement für soziale Gerechtigkeit führte später zur Zusammenarbeit mit Amnesty International, der Anti-Apartheid-Bewegung und der ,,Coalition to Stop the Use of Child Soldiers". Ben nahm an Kampagnen und Tourneen von ,,War Child" und ,,Make Poverty History" teil, wo er stets die globale Sprache der Musik als sein Hauptwerkzeug einsetzte.

Bob nennt sein Genre ,,sozio-spirituelles Bewusstsein". Dieses Genre geht über Songwriting, Komponieren und die Aufführung von Musik hinaus und versucht, die möglichen Rollen von Kunst in unserer modernen Welt zu erkunden.

Kunst hat das Evangelium, kirchliches Leben und die Art, wie wir unseren Glauben ausdrücken, immer beeinflusst. Johann Sebastian Bach ist dafür ein Beispiel. Wie ist deine Erfahrung heute? Beeinflussen populäre Kunst und Kultur die Kirche? Und wenn ja: wie? Oder: Warum nicht?

Ben Okafor: Ich habe den Eindruck, dass die Kirche populäre Kultur und Kunst oft benutzen will. Die Betonung liegt darauf, mit der Kunst etwas auszudrücken, was die Kirche bereits glaubt und weiß und was sie anderen vermitteln will. Wenn dann eine bestimmte Kunst diesen kirchlichen Erwartungen und Wünschen entspricht, ist sie willkommen. Es ist zum Beispiel das Ziel evangelikaler Kirchen, ihre Bänke zu füllen, und darum suchen sie sich Künstler, die ihnen dabei helfen. Was die Kirche aber nicht gut kann, ist, künstlerischen Ausdruck in seiner Ganzheit anzunehmen.

Das heißt, wenn Künstler Gefühle oder Einsichten ausdrücken, die die institutionalisierte Christenheit herausfordert oder inakzeptabel findet, werden Künstler oft zurückgewiesen oder an die Seite geschoben. Ich selbst, ein Künstler mit einer Botschaft von sozialer Gerechtigkeit, bin oft negativ als „politisch“ abgestempelt worden.

Meiner Meinung nach sollten Glauben und Kunst sehr eng verbunden sein, weil sie beide versuchen, Sinn in Lebenserfahrungen zu finden, die oft unverständlich und geheimnisvoll sind. Beiden sollte es darum gehen, die Wahrheit zu suchen und authentisch zu fragen. Nur wenn Religion in ihrem Glauben und System rigide wird, findet sie Kunst schwierig.

Viele Menschen in Europa sind unterschwellig spirituell und suchen nach Inspiration. Aber sie erwarten meist nicht, dass die Kirche ihre Bedürfnisse erfüllt, ihre Fragen beantwortet oder ihnen die Erfahrung bietet, nach der sie sich sehnen. Religiosität findet an anderen Orten statt. Glaubst du, dass die Künste Raum für religiöse Erfahrungen bieten? Ich meine, ein „Okafor-Konzert“ könnte so etwas wie ein Gottesdienst sein …

Ben Okafor: Ich denke, dass Gott und Kreativität nicht voneinander zu trennen sind. Egal, ob der Musiker, die Malerin, der Dichter oder die Autorin, die du magst, Christen sind oder nicht – ihre Quelle ist immer die Fantasie, die an die Möglichkeit glaubt, dass es Information und Inspiration von außerhalb unserer selbst oder außerhalb der kontrollierenden „Krallen“ der Welt gibt. Darum glaube ich, dass wir Kunst als Teil einer Begabung ansehen sollten, die uns allen zur Verfügung steht, egal, ob wir zu einer Glaubensgemeinschaft gehören oder nicht. Allerdings sehe ich Gottesdienst nicht als eine Versammlung von Menschen an, die versuchen, vom selben Blatt zu singen. Für mich heißt Gottesdienst, Gottes Interesse am Wohl aller Mitglieder unserer globalen Community auszudrücken. „Worship songs“ allein reichen nicht, um Gott zu loben. Wenn die Interessen der ganzen Welt zu ihrem Recht kommen, dann ist das Anbetung. Und wo immer die Kunst diesen Interessen ein Vorrecht einräumt, sollte sie die Anbetung auf angemessene Weise beeinflussen.

Ich finde es nicht leicht, mit dem Etikett „christlicher Künstler“ zu leben. Das liegt daran, dass ich mich mit den Zielen der etablierten Kirchenstruktur nicht ohne Weiteres identifizieren kann. Und ich hoffe, dass viele Menschen Ähnliches wie ich angesichts der Welt, der Menschen und Gott empfinden. *– CB*

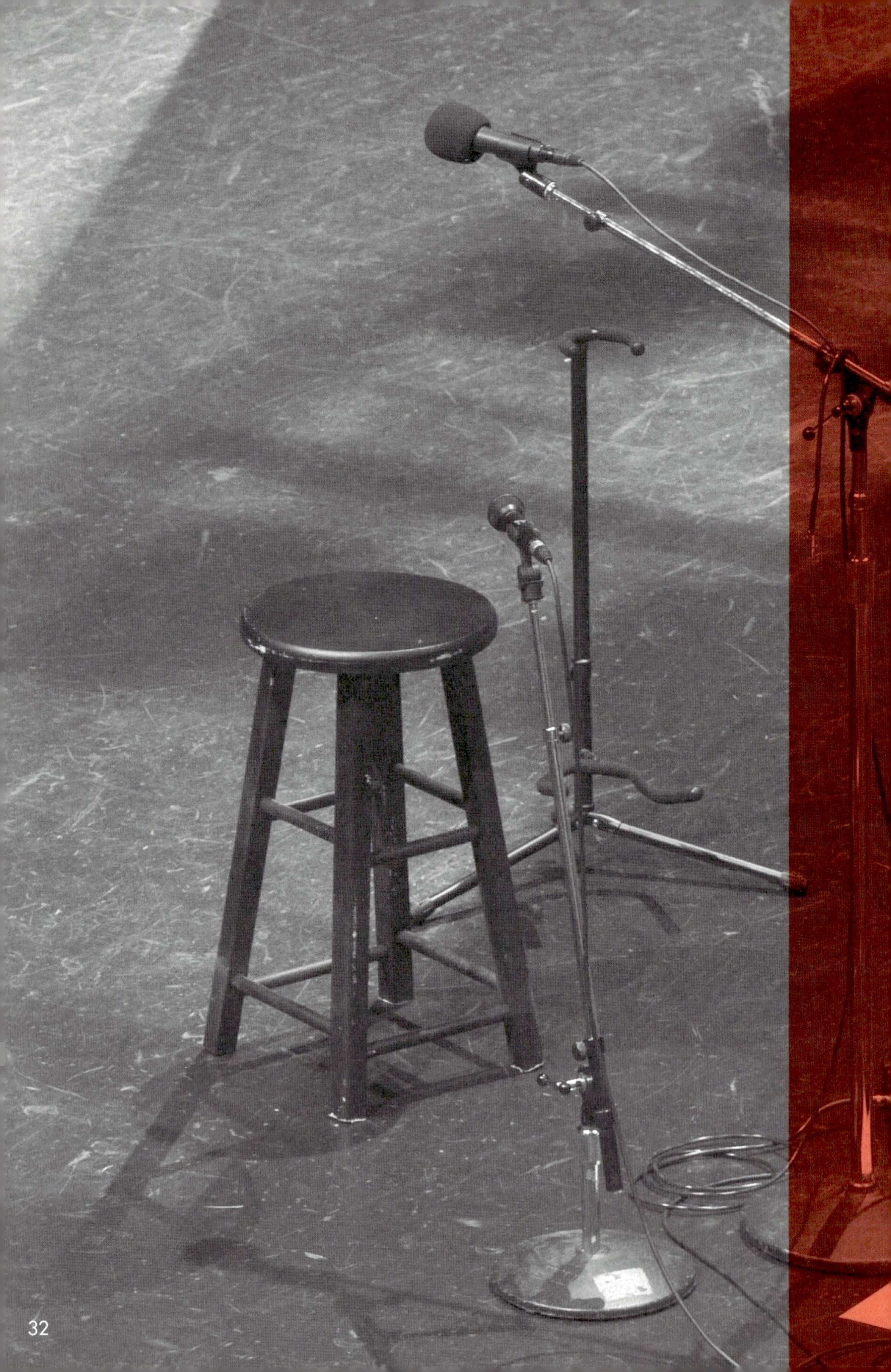

Ⓐ

ERLAUBT DEN KÜNSTLERN, DAS EVANGELIUM ZU VERKÜNDEN. ES MUSS NICHT IMMER NOCH EIN PFARRER PREDIGEN.

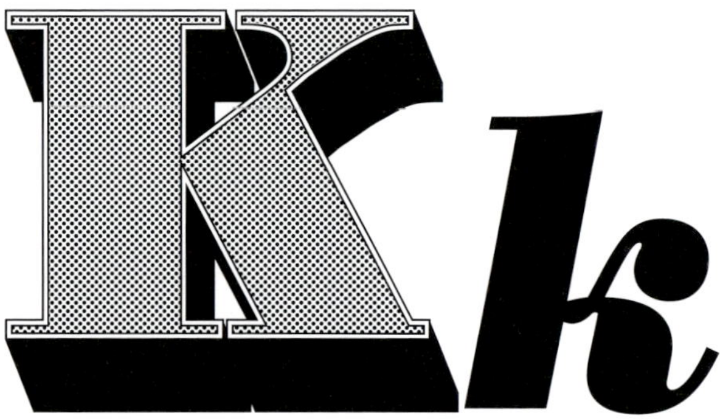

K

Kul|tur, -en, die

Wenn wir über Kultur reden, meinen wir vermutlich sehr verschiedene Dinge. Darum versuchen wir hier, ein paar zentrale Begriffe zu definieren.

Hochkultur: Hochkultur definiert sich im Gegensatz zu „Vulgärkultur" oder „Populärkultur". Hochkultur ist elitär und intellektuell. Zugang zu ihr bekommt man durch Bildung. Sie hat einen Kanon von Literatur, Musik, Kunst und Architektur. So gehören zur deutschen Hochkultur zum Beispiel Musik von Johann Sebastian Bach oder Karl-Heinz Stockhausen, Gedichte von Johann Wolfgang Goethe und Romane von Herta Müller, Gemälde von Albrecht Dürer oder Gabriele Münter und Gebäude von Karl Friedrich Schinkel oder Walter Gropius. In der chinesischen Hochkultur finden sich Gedichte von Du Fu und Kurzgeschichten von Lu Xun, Suqin-Musik, die an den Kaiserhöfen gespielt wurde, elegante Rosenholzmöbel

und auserlesene Keramik und Porzellan. Hochkultur wird in Museen, Theatern und Opernhäusern, in Büchern und Zeitungen, Schulen und Universitäten praktiziert.
Das Äquivalent zur Hochkultur ist die **„Hochreligion“**. Hochreligionen verfügen über schriftliche theologische Dokumente (die christliche Bibel, den islamischen Koran, die hinduistischen Veden und Upanishaden, den buddhistischen Pali-Kanon), einen hohen Abstraktionsgrad im Reden über die Gottheit und feste Rituale, die von sehr gut ausgebildeten Experten (Priestern, Pastoren, Schamanen) durchgeführt werden.

Vulgärkultur/Volkskultur: Vulgär- oder Volkskultur wurde einmal definiert als „das, was übrig bleibt, wenn wir definiert haben, was Hochkultur ist“. Vor dem Entstehen der Massenmedien war es die Kultur der niederen Klassen, der Bauern, Arbeiter und Sklaven. Weil diese oft nicht lesen und schreiben konnten, war es eine „orale“ Kultur: Märchen und Balladen, Volkstänze und Volksmusik wurden nicht aufgeschrieben, sondern mündlich von Generation zu Generation weitergegeben.
Das Äquivalent zur Volkskultur ist die **„Volksreligion“**. Volksreligionen erzählen Geschichten über Götter oder Heilige mit ganz konkreten Eigenschaften, über Geister, Dämonen und Engel. Der Glaube an die Kraft bestimmter Objekte wie Statuen, Fetische, Amulette, Kreuze, Rosenkränze oder Reliquien ist weit verbreitet. Menschen pilgern zu Orten mit besonderer religiöser Bedeutung oder Macht wie zum Beispiel zum Grab einer Heiligen oder zu Orten, an denen ein Heiliger oder ein Gott erschienen ist.

Die eine Kultur „hoch“ und die andere „vulgär“ zu nennen, spiegelt eine klare Wertung wieder: Hochkultur und Hochreligion sind besser und wertvoller als Vulgärkultur und Volksreligion.

Traditionelle Kultur: Dies ist die Kultur der Vergangenheit, die Kultur der Vorfahren. Es wird oft angenommen, dass die traditionellen Kulturen „rein“ waren, bevor sie mit der globalisierten Moderne in Kontakt kamen. Traditionelle Kultur kann sowohl Hoch- wie Volkskultur sein. Vor allem in Afrika und Asien sieht man sie durch Modernität und Globalisierung bedroht und bemüht sich deshalb, sie zu „bewahren“.

Populärkultur: Mit der Verbreitung von Zeitungen, Radio, Fernsehen und Internet veränderte sich die Volkskultur und begann, alle Gesellschaftsschichten zu beeinflussen. Einige definieren Populärkultur als kommerzielle Kultur, als ein Massenprodukt für die Massenkommunikation der Massenmedien. Andere betonen, dass Populärkultur von „normalen“ Menschen nicht nur konsumiert, sondern auch produziert wird. Die Tendenzen hin zu einer populären „Weltkultur“ sind unübersehbar. Zu ihr gehören Sport (vor allem Fußball), Facebook und andere soziale Medien, SMS, Google und andere Internet-Suchmaschinen, Hollywood- (amerikanische), Bollywood- (indische) und Nollywood- (nigerianische) Erfolgsfilme, hunderte von Satelliten-TV-Sendern in dutzenden von Sprachen, brasilianische Telenovelas und koreanische Seifenopern, Madonna, Bob Marley, Jacky Chan und hunderte anderer Musik- und Filmstars, die nur in bestimmten Subkulturen oder Regionen bekannt sind. Reality Shows, Hintergrundmusik in Aufzügen und Einkaufszentren, Heftchenromane, Kitsch, Slapstick, schmutzige Witze, Skandaljournalismus und Pornografie sind oft genannte Beispiele besonders „vulgärer“ Kultur. *– CWO*

MARTIN LUTHER ÜBERSETZTE DIE BIBEL INS DEUTSCHE. SIE SOLLTE NICHT LÄNGER NUR VON PROFIS UND PRIESTERN GELESEN WERDEN KÖNNEN. ER SUCHTE PASSENDE WORTE, ERFAND NEUE AUSDRÜCKE. SEINE SPRACHE WAR ALLTAGSTAUGLICH, SEINE LIEDER VOLKSWEISEN. DAFÜR WURDE ER VON MANCHEN VERACHTET. ER SCHAUTE DEM VOLK AUFS MAUL. DIE REFORMATION, DIE ER AUSLÖSTE, UND DER BUCHDRUCK BRACHTEN DIE DEMOKRATIE INS LESEN. DIE GROSSEN GESCHICHTEN VON GOTT WAREN JETZT ZUGÄNGLICH. IN DER EIGENEN MUTTERSPRACHE. ANSCHAULICH, VERSTÄNDLICH, DEFTIG, POPULÄR. *– CB*

REPORTAGE

DIE GUTE NACHRICHT IM STADION: JESUS, DER FUSSBALLFAN

In Gelsenkirchen-Schalke war ich zum ersten Mal in meinem Leben in einem Fußballstadion. Ich bin ein konservativer Baptistenpastor – ich sehe mir keine Fußballspiele an! Als ich hörte, dass wir die Kapelle in einem Bundesligastadion besuchen würden, konnte ich mir überhaupt nicht vorstellen, was das sollte. Ich hatte keine Ahnung, was ein Pastor im Fußballstadion zu suchen hatte! Ich dachte nämlich immer, dass sich Fußballspieler und Fußballfans nicht für geistliche Fragen interessieren und dass sie genug mit ihren Spielen zu tun haben, dass wir sie nur stören, wenn wir ihnen das Evangelium ins Stadion bringen.

In Afrika gehen Fußballspieler oft zu traditionellen Medizinmännern. Sie besorgen sich Amulette oder einen Zauber, damit sie ihr Spiel gewinnen. Darum finden Christen, dass man ihnen nicht vertrauen kann.

Als ich dann im Stadion war und den Pastor dort traf, und als er uns erzählte, was er dort tut, habe ich mich die ganze Zeit gefragt: Wäre das in meinem Land und in meiner Kirche möglich?

Die Kapelle sieht weder protestantisch noch katholisch aus. Sie ist ganz neutral. Weiße Wände, abstrakte Kunst. So, wie sie aussieht, gibt es keine Bedingungen, um dort einzutreten – es ist eine Kapelle für alle.

Der Pastor erzählte uns, dass diese Kapelle auf Initiative des Fußballvereins entstanden war. Die evangelischen und katholischen Kirchen waren am Anfang sehr zurückhaltend. Aber am Ende haben sie doch mitgemacht und die Kapelle direkt neben die Kabinen der Spieler gebaut. Ich fragte mich: Wie ist es möglich, dass Menschen, die doch so beschäftigt sind und sich nicht für geistliches Leben interessieren, in ihrem Stadion eine Kapelle haben wollen? Ich glaube: Diese Sehnsucht wurde von Gott selbst geweckt!

Ich war überrascht zu hören, dass die Kapelle von Katholiken und Protestanten sowohl für konfessionelle Gottesdienste als auch für ökumenische Veranstaltungen genutzt wird. Es gibt Gottesdienste, Seminare, Seelsorge. Traditionelle Kirchen trennen Menschen nach traditionellen Konfessionen. Aber hier entdeckte ich, dass das in dieser Umgebung keine Rolle spielt. Fußballspieler und Fußballfans haben keine Zeit zu diskutieren, wer katholisch und wer evangelisch ist; sie diskutieren lieber über die Spiele ihres Vereins.

Der Pastor, der im Fußballstadion arbeitet, ist selbst ein begeisterter Fan, der gern für seine Mitfans da ist. Er hat eine Saisonkarte und ist bei jedem Heimspiel im Stadion. Pfarrer Norbert Filthaus erzählte uns, dass seine Platznachbarn ihn immer wieder bitten, ihre Kinder zu taufen, sie zu trauen oder ihre Angehörigen zu beerdigen. Tatsächlich feiern viele der Fans dieses Vereins ihre Hochzeiten oder Kindertaufen in der Kapelle im Stadion. Ich fragte mich, warum sie lieber hier getauft werden als in der Kirche? Das ist mir fremd. Aber ich sah, dass der Pastor sich dabei wohlfühlte. Er glaubt ganz offensichtlich, dass er tut, was Gott von ihm will. Es war schon seltsam für mich: Menschen, die in der Kapelle heiraten oder ihre Kinder dort taufen lassen, müssen das noch in ihrer Heimatgemeinde registrieren lassen. Ich fragte mich, warum die Pastoren in den Heimatgemeinden solche Taufen akzeptieren und solche Menschen sogar als ihre Gemeindemitglieder ansehen, auch wenn sie so ein wichtiges Ereignis gar nicht in der eigenen Kirche begehen?

Der Pastor erzählte uns, dass er eine halbe Stelle in einer Ortsgemeinde habe und die andere Hälfte seiner Arbeitszeit im Stadion arbeite. Die meisten Pastoren, die ich kenne, sind mit den Leuten, die sie in ihrer Gemeinde haben, so beschäftigt, dass sie gar keine Zeit für andere Menschen haben, die nicht zur Gemeinde gehören. Aber hier ist es anders: Dieser Pfarrer arbeitet gerade mit denen, die nicht in die Kirche kommen.

Ich sah diesen Pfarrer, und ganz plötzlich sah ich Jesus in ihm. Mir ging auf, dass die gute Nachricht für Fußballfans Jesus, der Fußballfan ist. Der Jesus, den man im Stadion findet, ist einer, der Fußballspieler und Fußballfans liebt.

Dieser Besuch hat mein traditionelles Denken heftig herausgefordert. Ich sah, dass das, was mir unmöglich schien, tatsächlich möglich ist. – *KK*

Befriedigt diese Kapelle nicht nur religiöse Konsumbedürfnisse? Wie kommt man vom religiösen Event zur Nachfolge Jesu?

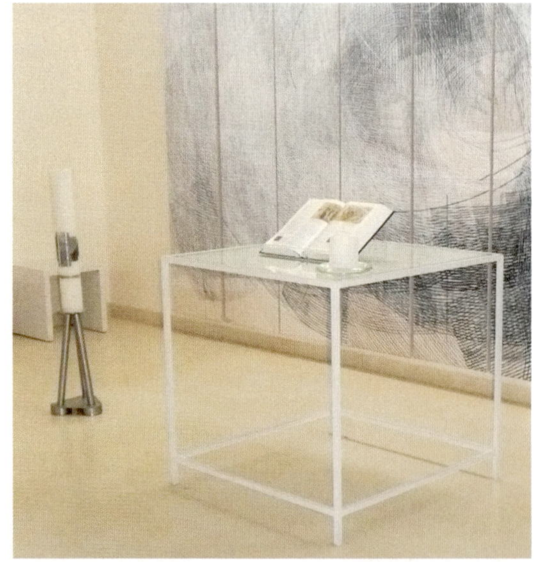

04

BIBELARBEIT

APOSTELGESCHICHTE 17

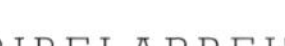

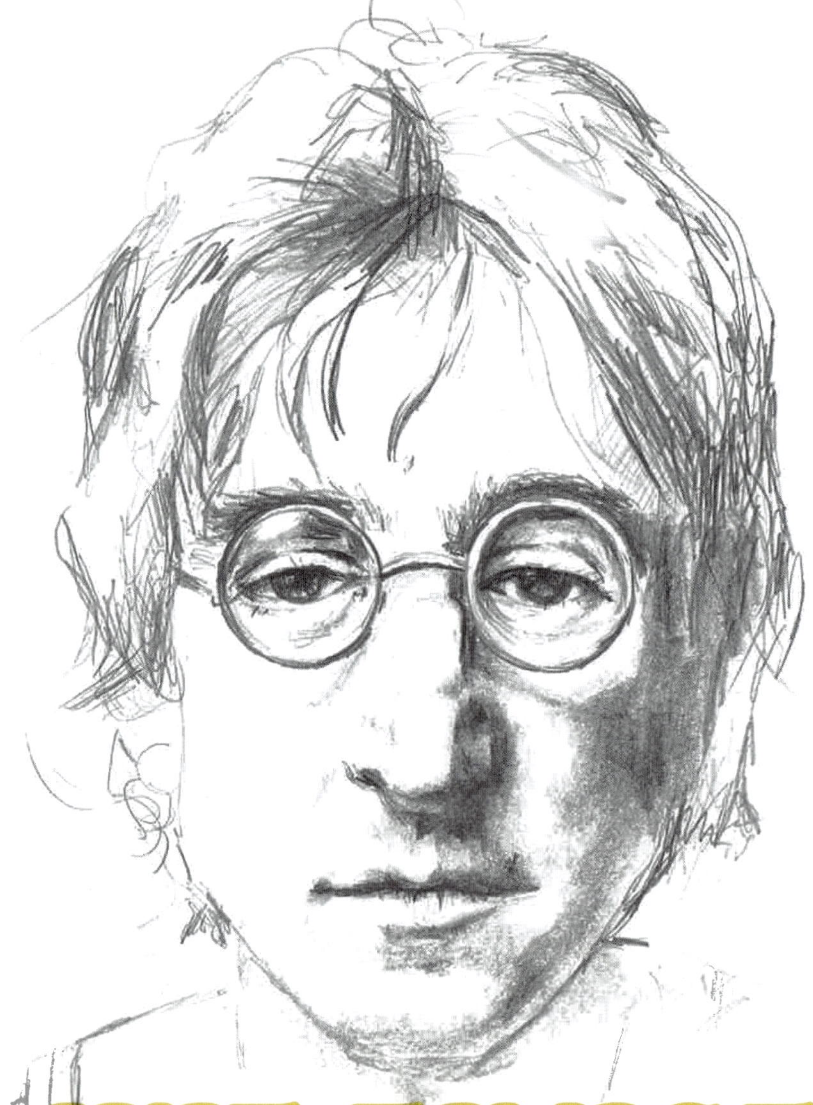

„WIE EINIGE EURER DICHTER SAGEN …“

Athen – Stadt, Hochburg der Philosophie, Kultur und Spiritualität. Meinungsmacher, Denkerinnen, Denker, Geistesakrobaten. Paulus sieht sich um. Angstfrei, wie es scheint. Er lernt die Denkhorizonte der Einwohnerinnen und Einwohner kennen. Ihre Sehnsüchte und Fragen. Insbesondere ihre heiligen Fragen. Er versucht zu verstehen und sucht nach Anknüpfungspunkten. Und dann begibt er sich an genau den richtigen Ort, um Athen zu gewinnen: in das Zentrum des Diskurses, auf den Areopag, den Ort der Talkshow, die Bühne für Weltanschauungen, und er predigt genau hier! Mitten zwischen den Altären, Götterbildern und Tempeln, philosophischen Schulen, geisteswissenschaftlichen Seminaren, Lehrenden und ihren Studierenden, zwischen Esoterik, Gnosis, Theologie.

Seine beiden Anknüpfungspunkte: Ein Altar mit dem Namen „Für den unbekannten Gott". Und ein Zitat eines Dichters, den die Zuhörenden kennen.

Was jetzt folgt, ist keine Predigt nach Schema F, mitgebracht, fertig, aus der Schublade, drei Punkte, die immer passen. Sondern Paulus hält eine passende Predigt für diesen Ort. Nicht korinthisch, nicht römisch, sondern athenisch.

Würdigend nimmt Paulus die Impulse auf, die sich ihm bieten. Er predigt nicht über die Götzen. Sie werden nicht thematisiert. Er macht keine höhnischen Bemerkungen über den religiösen Mix. Er bietet nicht auf einer grünen Wiese außerhalb der Stadt eine Gegenveranstaltung an. Er begibt sich mitten in die Diskussion. Nutzt das Forum. Den Areopag. Den vorbereiteten Raum. Er stellt sich hier zur Debatte mit seiner Erfahrung, seinem Glauben. Was predigt Paulus?

Ihr Leute von Athen, ich sehe, wie religiös ihr in jeder Hinsicht seid. Denn als ich hier umherging und mir eure Heiligtümer ansah, fand ich auch einen Altar mit der Inschrift: „Dem unbekannten Gott". Ich verkündige euch, was ihr nun, ohne es zu kennen, verehrt. Gott hat die Welt und alles in ihr geschaffen, herrscht über Himmel und Erde; Gott wohnt nicht in von Händen gemachten Tempeln, gibt er doch selbst allen Leben, Atem und alles. Gott hat die Menschen geschaffen; so sollten sie suchen, ob sie wohl Gott ertasteten und fänden, denn Gott ist nicht fern von uns. Denn in Gott leben wir, bewegen wir uns und sind wir. Wie es auch einige sagen, die bei euch gedichtet haben: „Wir sind göttlicher Herkunft."

Wunderschön!

Ich würde heute nicht den Lyriker Aratos zitieren, sondern anfangen mit John Lennon: „Imagine there´s no heaven." Stelle dir mal vor, es gäbe keinen Himmel." Mit ein bisschen Schlagermusik und Nino de Angelo ginge es weiter: „Jenseits von Eden". Und wir würden reden über unsere Sehnsucht nach dem Paradies, über die alte Vertröstung auf das Jenseits und über die moderne Vertröstung auf das Diesseits. Weiter ginge es mit Joan Osborne: „What if God was one of us?" Was, wenn Gott uns so nah wäre? Menschlich? So menschlich, dass Gott liebbar wird. Dann käme Barclay James Harvest mit „Love". Wir wären im Zentrum des Glaubens angekommen. Und hätten mit dem Lied ein paar jesuanische Geschichten erzählt. Mit dem berühmtesten Oboensolo der Popgeschichte und Tanita Tikaram würde ich über Sünde sprechen. „Twist in my sobriety", nennt Tikaram das. Denn meine Zuhörenden leiden unter der Lücke zwischen ihren großen Idealen und der Wirklichkeit. Bono dürfte nicht fehlen mit „Grace", Gnade. Und R. Kelly würde „Spirit" singen. Vielleicht würde ich auch „Pray, pray, pray" von Paddy aus der Kelly-Family zitieren, um über Gebet, Meditation und ausgesprochene Gottesbeziehung zu sprechen. Und „Brothers and Sisters" von Coldplay, um die Aussicht auf Gemeinschaft und neue familiäre Räume zu wecken.

Paulus spricht einmalig von dem Einen, von Jesus, auch wenn er seinen Namen nicht explizit nennt. Er spricht vom Erwählten. Und schwärmt so gründlich, grundsätzlich von ihm, dass man ihm abspürt: Dieser Eine ist sein Grund, hier zu stehen. Man hört es sich an. Es kommt zum Gespräch. Einige spotten am Ende. Einige sagen: Wir wollen zu einem späteren Termin weiterreden. Einige aber schließen sich ihm an und werden für den Glauben gewonnen.

Und so ging es weiter. Paulus hat sich inspirieren lassen von Orten und Menschen. Das inspiriert auch mich. *– CB*

Wo ist der Areopag Ihrer Stadt?
Wo wird diskutiert und um Meinung gerungen?
Wer sind die Dichterinnen und Dichter Ihrer Zeit, Ihrer Generation, Ihrer Zuhörenden?
Vermissen Sie etwas in der Predigt von Paulus?
Welche Menschen vermissen Sie?
Wie sähe Ihre Areopag-Rede aus?

DAS HÖRT NIE AUF

Christen in Afrika, Asien und Lateinamerika waren die Ersten, die über „Inkulturation" diskutierten. Sie waren von Missionarinnen und Missionaren aus Europa und Amerika evangelisiert worden, die ihnen nicht nur die gute Nachricht von Jesus Christus gebracht hatten, sondern auch eine neue Kultur, die sie für christlich hielten. Als die neuen Christen jedoch begannen, die Bibel alleine zu lesen, stellen sie fest, dass Nachfolge nicht heißen musste, Hosen statt Penisköchern zu tragen, Trommeln durch ein Harmonium zu ersetzen oder die Verpflichtungen eines Großfamiliensystems aufzugeben, um eine christliche Kleinfamilie zu gründen.

In Europa verliefen die Entwicklungen anders. Im Lauf des 20. Jahrhunderts fiel es den Christen dort auf, dass ihre Kultur nicht länger „christlich" genannt werden konnte. So mussten auch sie darüber nachdenken, wie man das Evangelium immer wieder neu in die eigene Kultur übersetzen kann.

Als die Christen in den neuen Kirchen anfingen, über Inkulturation nachzudenken, hatten sie vor allem ihre traditionellen Kulturen im Blick. Theologen in Nord-Sumatra schrieben Doktorarbeiten über das Verhältnis zwischen christlichem Glauben und Adat, den Traditionen, die dort die soziale Organisation und alle Rituale regeln. Die evangelische Kirche in Tanah Papua gehört zu den Vorreitern im Kampf, die traditionellen Sprachen und Kulturen der Hochlandstämme zu bewahren. Und protestantische Kirchen auf Java haben ihre Kirchenmusiker ausgebildet, damit sie im Gottesdienst traditionelle Gamelan-Musik spielen können.

Menschen, die so an Inkulturation arbeiten, spielen eine wichtige Rolle dabei, traditionelle Kulturen zu bewahren und zu „taufen". Aber während sie damit beschäftigt sind, verändern sich genau diese Kulturen rapide. Junge Christen in Sumatra haben oft nicht genügend Geld für die aufwändigen Adat-Rituale, die heute auch zu christlichen Taufen und Hochzeiten gehören. Wenn sie trotzdem christlich heiraten wollen, schließen sie sich inzwischen gern einer Pfingstkirche an, die ihnen beibringt, mit ihrer Tradition zu brechen. Junge Christen im Hochland von Tanah Papua verstehen oft mehr von Smartphones als von traditionellen Tänzen. Und die meisten jungen Javaner hören lieber Dangdut (Schlager, die von indischen, malaiischen und arabischen Rhythmen beeinflusst sind) oder Jawaica (die Kombination eines pentatonischen Notensystems mit Reggae-Rhythmen) als Gamelan. Alte Leute beklagen angesichts solcher Entwicklungen den Verlust von Kultur und Tradition und sehen die populäre, globalisierte Kultur als einen Feind, den es zu bekämpfen gilt.

Doch keine Kultur ist statisch, nicht einmal traditionelle Kulturen. Sie sind nicht wie Glaskugeln – mit festen Grenzen, genau definiert und leicht zerbrechlich, wenn sie in Kontakt mit etwas anderem kommen. Kulturen sind lebendige Systeme, die sich ständig verändern und keine klaren Grenzen haben. Menschen sind immer umhergezogen, Kulturen waren immer in Kontakt miteinander und haben einander beeinflusst. Vielleicht verändern sich Kulturen heute schneller als vor 300 Jahren, aber Kulturwandel gibt es, seit Kultur existiert.

Oft stellen alte Menschen die traditionellen Kulturen den modernen so gegenüber, dass die traditionellen Kulturen als die besseren, wahren, wertvolleren erscheinen. Dagegen sagen junge Leute oft, dass traditionelle Kulturen tot, verstaubt und langweilig seien.

Ein Beispiel: In Deutschland mögen junge Christen englischsprachige Anbetungslieder. Gottesdienste mit alten Chorälen besuchen sie nicht gern. Ältere Christen kritisieren die Jungen, weil sie nicht ihre eigene deutsche Sprache benutzen, und denken, dass amerikanische Einflüsse deutsche christliche Kulturen zerstören. Zudem fühlen sie sich ausgeschlossen, weil sie die neuen Lieder nicht verstehen und nicht mitsingen können.

Wir sind davon überzeugt, dass alle Seiten voneinander lernen müssen und sich gegenseitig bereichern können. In den alten Traditionen gibt es viel Wertvolles, was bewahrt und weitergegeben werden muss, aber in der populären Kultur gibt es auch vieles, was sich aufzunehmen lohnt.

Das bedeutet: Das Nachdenken darüber, wie die gute Nachricht von Jesus Christus sich zu der eigenen Kultur und der eigenen Umgebung verhält, hört nie auf. Christliches Gamelan ist wunderbar, aber jetzt brauchen wir auch christliches Jawaica und in zwei Jahren vielleicht wieder etwas völlig anderes. *– CWO*

DÄMONEN-AUSTREIBUNG IN KIMARA

Die Kimara-Gemeinde in Dar es Salaam ist eine traditionelle lutherische Kirchengemeinde. Aber dort erlebten wir einen Gottesdienst mit Dämonenaustreibungen, und das ist nicht gerade das, was Lutheraner üblicherweise tun.

Der Pfarrer begrüßte uns in seinem Büro. Er war gerade dabei, sich auf den Befreiungsgottesdienst vorzubereiten. Wir fragten ihn, was wir zu erwarten hätten. Er rief eine Frau herein, eine von den vielen Leuten, die vor der Tür auf ein Gespräch mit ihm warteten. Er fragte sie nach ihren Problemen, und dann betete er für sie. Einfach so, ohne sie überhaupt zu berühren. Es dauerte nicht einmal eine Minute, da fiel sie um. Der Pfarrer rief jemanden aus seinem Team, damit er weiter für diese Frau betete. Dann wandte er sich uns wieder zu. Er erzählte uns von seiner Einsicht, dass traditionelle lutherische Gottesdienste für die Kirchenmitglieder schlicht irrelevant geworden waren, vor allem, wenn es um dämonische Besessenheit ging. Darum hatte er beschlossen, in seiner Gemeinde ein Programm zur Dämonenaustreibung zu starten. Mit seinem Team hält er nun jeden Dienstag, Donnerstag und Samstag mehrstündige Befreiungsgottesdienste ab. Zu jedem kommen mindestens zweihundert Menschen.

Wir gingen in die Kirche hinüber. Der Gottesdienst hatte bereits angefangen. Viele Menschen waren da, die hofften, dass Gott sie durch diesen Pastor heilen und von dämonischer Besessenheit

befreien würde. Als ich die Menge ansah, die um zehn Uhr morgens eines ganz normalen Wochentags in der Kirche saß (der Gottesdienst dauerte bis gegen 16 Uhr!), wurde mir klar, dass viele von ihnen heute extra Urlaub genommen haben mussten. Ich sah Geschäftsleute und Büroangestellte, Marktfrauen und andere – vielbeschäftigte Leute, die sicher nicht so ohne Weiteres ihre Arbeit liegen lassen konnten. Aber sie sehnten sich so sehr nach Heilung! Wir erfuhren, dass manche von weither zu diesem Gottesdienst gekommen waren; die wenigsten in der Kirche gehörten zur Kimara-Gemeinde. Und es waren auch nicht nur Lutheraner dort, sondern Menschen aus den verschiedensten Kirchen und Denominationen, sogar einige Muslime.

Der Gottesdienst begann mit Lobliedern, um den Menschen zu helfen, Gott im Glauben näherzukommen. Nach ungefähr einer Stunde begann der Pastor mit seiner Predigt. Er sprach über Gottes Macht, die immer groß genug ist für das, was Menschen brauchen. Und er sprach über die Macht Gottes, böse Geister aus dem Leben der Menschen zu vertreiben. Die Leute schrien „Amen" und „Ja" als Antwort. Der Pastor ermutigte sie, ihr Leben im Glauben an Gottes heilende Kraft neu anzugehen.

Nach der Predigt begannen die eigentlichen Gebete zur Dämonenaustreibung. Alle standen in den Gängen, und der Pastor ging durch die Kirche, um herauszufinden, wer Befreiung benötigte. Bestimmte Leute bat er, aus ihren Bänken in der Kirche nach vorn zu kommen. Das kam mir selt-

sam vor – wie konnte er erkennen, wer seine Gebete brauchte?

Dann begann der Pastor, nacheinander für diejenigen zu beten, die er nach vorn gerufen hatte. Das dauerte sehr lange. Wir beobachteten genau, was jetzt passierte: Wir sahen Menschen, die einfach umkippten, und andere, die weinten oder sich erbrachen. Es war sehr laut, weil die Leute stöhnten und schrien. Ein Teammitglied betete ununterbrochen lautstark in ein Mikrophon. Der Pastor berührte jeden Einzelnen und befahl den bösen Geistern im Namen Jesu, aus ihnen herauszufahren. Bei einigen schien die Heilung schnell einzutreten, während andere Widerstand leisteten. Ein ganzes Team von Mitarbeitenden half dem Pastor und fing diejenigen auf, die hinfielen. Die, die Widerstand leisteten und sogar den Pfarrer angreifen wollten, hielten sie fest. Sie beteten für jene, die in Trance zu sein schienen, und trösteten die Weinenden. All das dauerte fast zwei Stunden. Nur ganz langsam wurde es ruhiger, weil diejenigen, für die gebetet worden war, die Kirche verließen.

Nach dem Gottesdienst begleiteten wir den Pastor wieder in sein Büro. Er sah sehr erschöpft aus.

Die traditionelle lutherische Kirche hat sich verändert, um auf die Nöte der Menschen zu reagieren – nicht nur die Nöte derer, die Lutheraner sind, sondern aller, die danach fragen, ohne Unterschied. – *KK*

In unseren Gesellschaften, die sich schnell verändern, suchen Menschen nicht mehr nur in ihrer eigenen religiösen Tradition nach Heilung, sondern überall. Was passiert, wenn unsere traditionellen Liturgien ihnen leer erscheinen?

In meiner Kultur gilt man als psychisch krank, wenn man meint, von Dämonen besessen zu sein. Ein Gottesdienst wie dieser wäre undenkbar. Was aber, wenn in einer Kultur die Angst vor Dämonen weit verbreitet ist?

Auch in der lutherischen Kirche in Tansania sind diese Gottesdienste umstritten. Wie weit darf sich Kirche auf die Ängste von Menschen einlassen? Wie können missbräuchliche Praktiken vermieden werden?

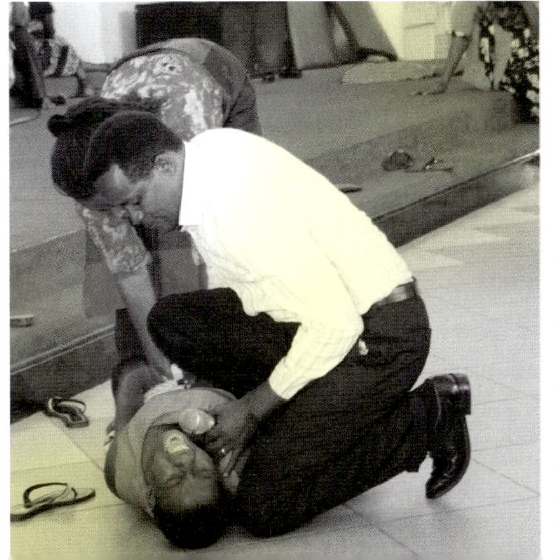

EIN GEIST.

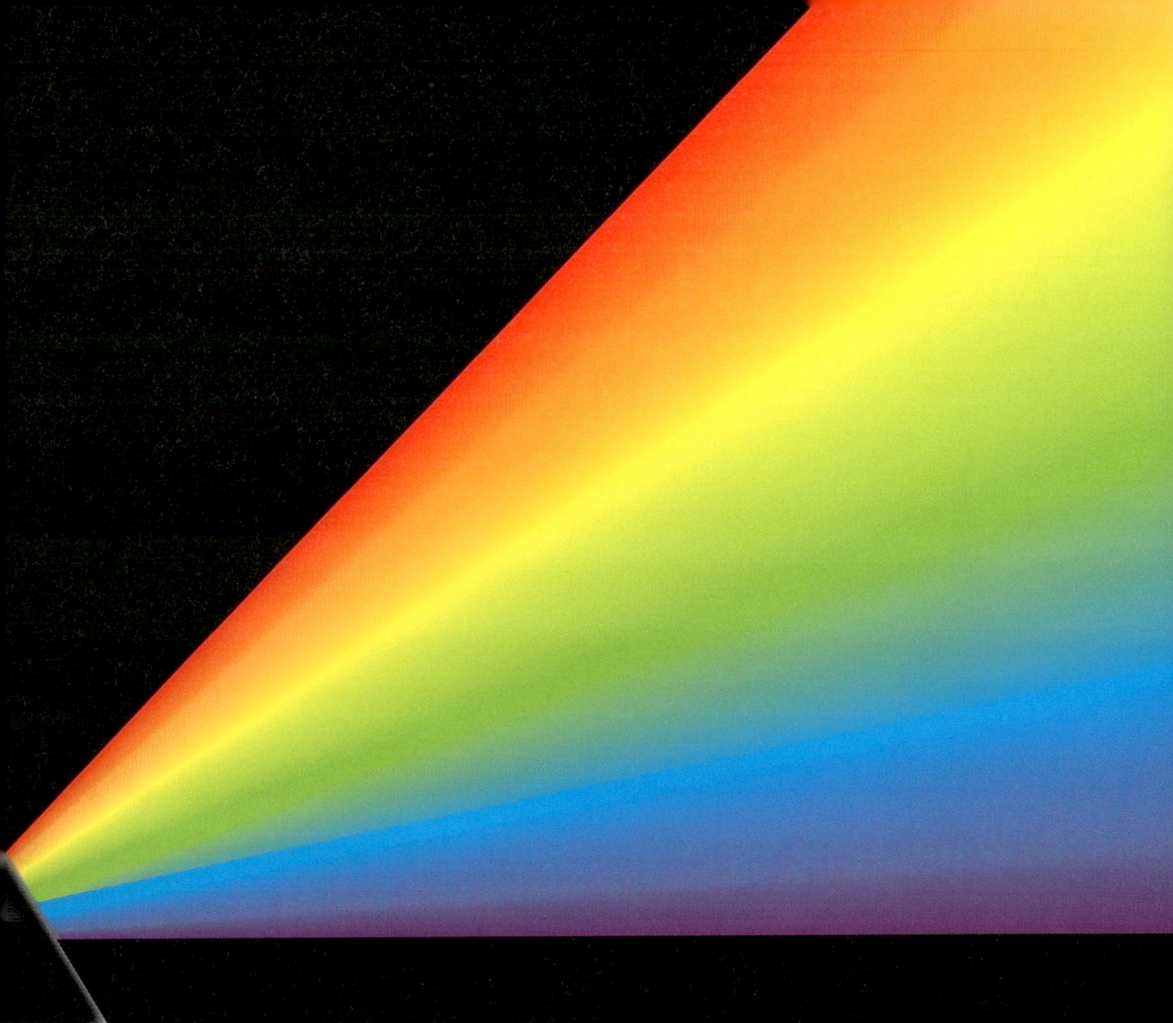

NICHT EIN STIL.

VERSTAUBT ODER SEICHT?

Protestantische Kirchen haben einen angeborenen Hang zur Hochkultur. Das hat mit den theologischen Grundanliegen der Reformation zu tun. Sie betonte die Rechtfertigung aus Gnade anstatt durch Werke und lehnte deshalb viele volksreligiöse Rituale wie zum Beispiel den Ablass oder Bußübungen nach der Beichte ab, die in der katholischen Kirche verbreitet waren. Die Reformation verwarf auch den katholischen Volksglauben an die Jungfrau Maria, an Heilige und Reliquien zugunsten eines Glaubens allein an Christus. Außerdem konzentrierte sich die Reformation auf die Bibel als das geschriebene Wort Gottes – frühe Reformatoren verbrannten und zerstörten deshalb sogar Bilder und Statuen in Kirchen.

Darum überrascht es nicht, dass mit der Entstehung des Protestantismus auch die Bildung der breiten Masse begann. Die Menschen brauchten die Bibel in ihrer eigenen Sprache, und sie sollten sie lesen und verstehen können. Darum bauten die Protestanten Schulen und Ausbildungsstätten und gründeten Seminare und Universitäten. Ihr kultureller Einfluss war riesig und kann kaum überschätzt werden. Manche Forscher meinen, dass die bürgerlichen Mittelschichten mit ihrer Betonung individueller Verantwortung und ihrem Hang zu Bildung und Ausbildung ohne die Reformation gar nicht entstanden wären. Mit Sicherheit wurden die antikolonialen Befreiungsbewegungen auf der Südhalbkugel häufig von Menschen angeführt, die in protestantischen Institutionen ausgebildet worden waren.

Die protestantische Betonung der Bildung hat zu einer Kultur der Professionalisierung geführt. In unseren Kirchen kann man nichts tun, wenn man nicht dafür ausgebildet ist, und diese Ausbildung soll einen möglichst hohen Standard haben. Aufgrund dieser Orientierung hin zu Professionalisierung und Hochkultur waren Protestanten gegenüber populären Kulturen immer misstrauisch. Als Missionare wollten sie „die Menschen kulturell erheben", ganz egal, ob deutsche Proletarier oder kamerunische Plantagenarbeiter. Wer Christ wurde, sollte die populäre Kultur oder Vulgärkultur möglichst hinter sich lassen.

Bis heute gibt es unter Protestanten eine starke Tendenz, populäre Kultur als mangelhaft anzusehen, als Müll, als etwas, wovon Christen sich fernhalten sollten, oder etwas, in dem zumindest die Kirche nicht präsent sein sollte. Darum sind protestantische Kirchen Massenmedien gegenüber eher zurückhaltend. In Deutschland sind zum Beispiel die Landeskirchen in den privaten Radio- und Fernsehstationen überhaupt nicht vertreten. Und Gemeinden, die in Einkaufszentren oder Fußballstadien entstanden sind, werden heftig kritisiert, weil sie eine Kultur aufnehmen, die Christen doch ablegen sollten.

Im Gegensatz dazu hat sich die Pfingstbewegung von ihren Anfängen an in der populären Kultur bewegt. Genau deshalb wurde sie oft nicht ernst genommen. Predigten und Theologie von Pfingstlern werden als zu simpel kritisiert, ihre Musik als seicht, ihre Fernsehsendungen als manipulativ und ihre Praktiken als abergläubisch.

Die Pfingstbewegung ist aber durch populäre Kulturen geprägt, weil sie unter Menschen mit relativ niedrigem Bildungsgrad entstanden ist und vor allem unter ihnen wächst. Diese Menschen haben erlebt, dass der Heilige Geist ihnen auch ohne formale Bildung oder Ausbildung Sprache und Kraft gibt.

Weil sich die Pfingstbewegung aus der populären Kultur entwickelt hat, sind es vor allem Pfingstler, die jetzt weltweit auf privaten Radio- und Fernsehsendern und im Internet vertreten sind – viel eher als protestantische Kirche und Organisationen. Tansanische Lutheraner, die sonntags in ihren eigenen Gottesdienst gehen, hören im Lauf der Woche gern Pfingstprediger im Radio oder Fernsehen. Und indonesische Jugendliche singen viel lieber internationale Anbetungslieder als die alten europäischen Choräle oder Kirchenmusik im traditionellen Stil ihrer Kultur.

Wenn dagegen Protestanten versuchen, als Christen in der populären Kultur präsent zu sein, finden sie sich in ihren Kirchen oft an den Rand gedrängt und von Pfarrern und Kirchenältesten kritisch beäugt. Es ist kaum verwunderlich, dass immer mehr von ihnen die evangelischen Kirchen verlassen, in denen sie aufgewachsen sind, und zu Pfingstkirchen übertreten. Diese Entwicklung können wir auf allen Kontinenten beobachten.

– CWO

Coexist

GRACIOSO SONORA

Die meisten Indonesier sind Muslime. Die Christen stellen eine kleine Minderheit dar, die es nicht immer leicht hat. Darum waren wir erstaunt, in Malang (Java) auf einen gemischten Chor von Christen und Muslimen zu treffen. Gegründet wurde er von Studierenden an der Universität, die sich für alle möglichen Musikstile interessierten. Der Chor probt im Wohnzimmer einer Professorin, die das Projekt unterstützt, und wir durften zuhören. Die Fröhlichkeit der Sängerinnen und Sänger beeindruckte mich. Ich konnte mir nicht vorstellen, dass Christen und Muslime so locker miteinander umgehen können!

Der Chor singt ganz Unterschiedliches: klassische und zeitgenössische geistliche und weltliche Musik aus dem Westen, traditionelle indonesische Volksmusik und arabische und indonesische muslimische Gesänge. Ich fragte die Chorsänger, warum sie so unterschiedliche Stücke aufführten, und sie antworteten, dass genau das ihnen Spaß mache. Ich war beeindruckt. In meinem Kontext gäbe es einen solchen Chor nur, um die anderen von meiner eigenen Religion zu überzeugen. Aber diese Leute sind wirklich offen gegenüber der jeweils anderen Kultur und dem anderen Glauben.

Die Chormitglieder erzählten uns, dass sie oft eingeladen werden, bei Familienfesten wie Hochzeiten und Beerdigungen oder bei besonderen Anlässen wie zum Beispiel Abschlussfeiern zu singen. Das können dann christliche, muslimische oder traditionell javanische Anlässe sein. Der Chor gibt außerdem an jedem Weihnachten und an jedem Idul Fitri (dem Zuckerfest am Ende des Fastenmonats Ramadan) ein Konzert. Ihr Publikum liebt beide!

Nach der Probe stellten sich die Chormitglieder der Reihe nach vor. Jede und jeder sagte uns, zu welcher Religionsgemeinschaft er oder sie gehöre. Ich war so überrascht zu hören, dass einige früher Muslime waren, aber jetzt zum Christentum übergetreten sind! Sie wurden nicht gezwungen, Christen zu werden; sie taten das, weil sie es wollten. Sie erzählten uns, dass ihre Familien diese Entscheidung akzeptieren. Die Beziehungen zwischen Christen und Muslimen im Chor haben diese Übertritte auch nicht beeinträchtigt. Das hätte ich mir nicht vorstellen können!

Der Gracioso-Chor gehört zu keiner Kirche oder irgendeiner anderen religiösen Organisation. Es ist ein unabhängiger Chor von Studierenden. Aber christliche wie muslimische Organisationen laden sie gern zu Konzerten ein.

Ich lerne daraus: Musik kann Menschen zusammenbringen, die durch traditionelle Kirchen und Religionen getrennt waren. *– KK*

A
MUS
UNIVE

B

BIBELARBEIT

OFFENBARUNG 5,6–14

Das neue Lied

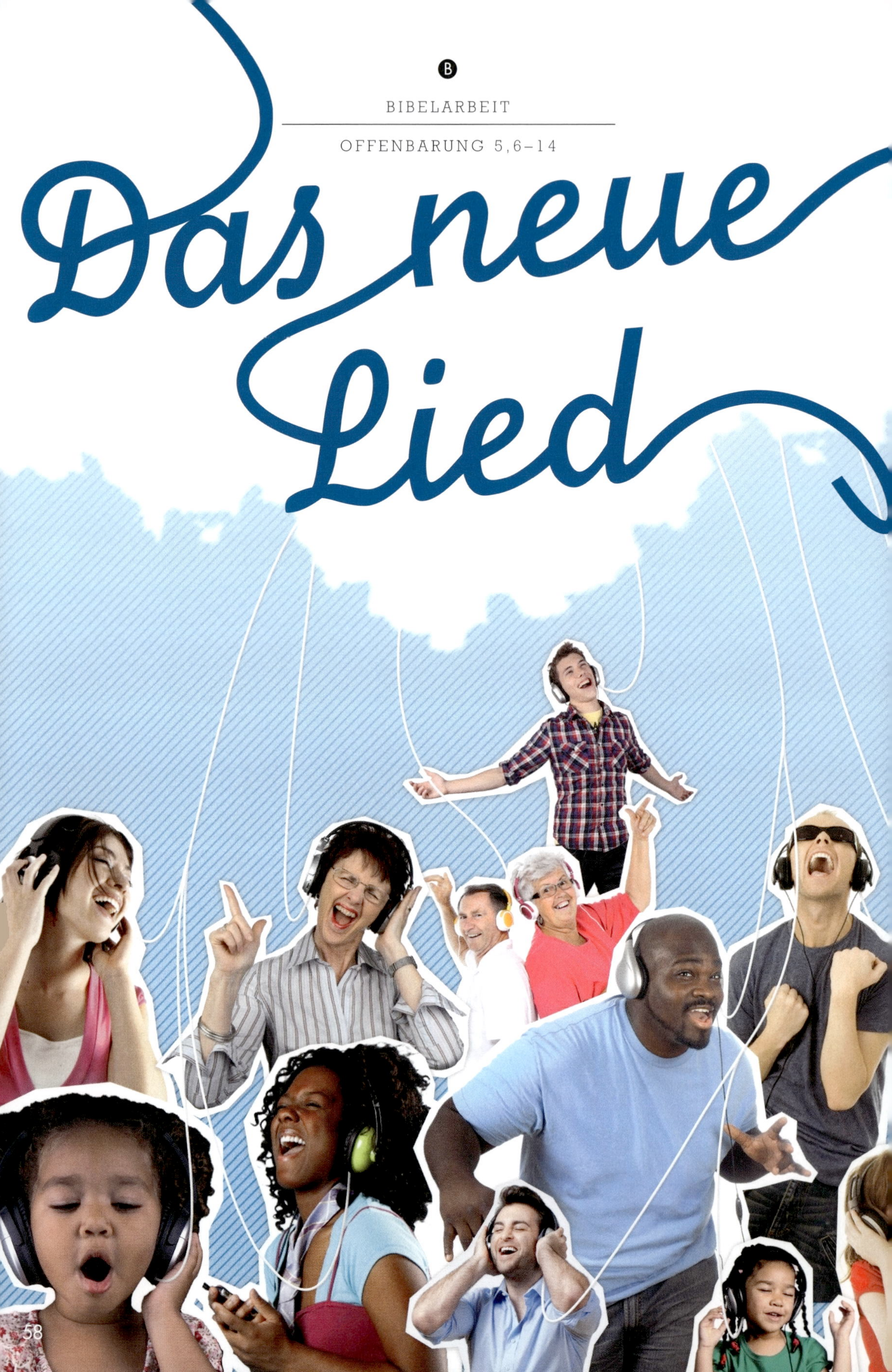

Wenn es richtig schwierig wird, kann nur Musik dir helfen. Ich sehe das hier im Ostkongo: Wenn wir mit einem Chor und einem Posaunenchor in ein Flüchtlingslager kommen, dann laufen die Leute zusammen, singen und tanzen. Dann wächst wieder ein bisschen Hoffnung auf ein neues Leben.

Der Apostel Johannes war im Gefängnis, als er die Vision eines Chors hatte, der ein neues Lied singt. Was er sah und hörte, war seltsam und wundervoll zugleich.

In der Mitte der Szene sah Johannes den Thron Gottes vor sich und neben ihm ein geschlachtetes Lamm. Der Chor stand in drei Reihen um den Thron und das geschlachtete Lamm herum und sang das neue Lied in drei Stimmen.

In der ersten Reihe erkannte er die vier „lebendigen Wesen" und die vierundzwanzig Ältesten. Viele Leute haben sich schon den Kopf darüber zerbrochen, was das für Gestalten sind und welche Bedeutung sie haben. Aber das ist hier nicht wichtig. Wichtig ist dagegen, zu beobachten, was sie tun, und auf das zu hören, was sie singen. Sie haben Musikinstrumente dabei, und sie singen, um dem geschlachteten Lamm zu gratulieren. Warum? Weil es mit seinem Blut Menschen aus allen Nationen, ethnischen Gruppen und Sprachen für Gottes Reich freigekauft hat, damit sie Mitherrscher und Priester für Gott werden. Priester aus allen Nationen – das muss ein wirklich neues Lied für Johannes gewesen sein! Ich glaube, er hatte noch ganz traditionelle Vorstellungen und dachte bis dahin immer, dass Gott nur der Gott Israels sei, aber nicht der Gott aller Völker.

In der zweiten Reihe sah Johannes Tausende und Abertausende von Engeln. Sie sangen den zweiten Teil des neuen Liedes, das das geschlachtete Lamm lobt und verkündet, dass ihm allein Macht, Reichtum, Weisheit, Stärke, Ehre, Ruhm und Anbetung zustehen. Hier können wir sehen, dass Engel nicht selbstsüchtig sind. Sie meinen nicht, dass es reicht, wenn sie allein Gottes Kinder sind. Als sie sahen, dass Jesus auf die Erde kam, um mehr Menschen ins Reich Gottes zu bringen, da haben sie sich gefreut und gesungen, um ihn zu ermutigen. Von seiner Geburt bis zur Auferstehung waren sie immer da, um seine Mission zu unterstützen.

In der dritten Reihe sah Johannes alle Geschöpfe, also alles, was unter dem Himmel, auf der Erde, unter der Erde und im Wasser lebt. Nicht nur Menschen, sondern auch Tiere, sogar Würmer und Fische! Im jüdischen Kontext galten manche Tiere als unrein; die Menschen mussten also immer genau unterscheiden, ob ein Tier rein war oder nicht. Aber hier stand die ganze Schöpfung um den Thron herum und sang gemeinsam, und niemand war ausgeschlossen. Das muss ein Anblick gewesen sein: Die ganze Schöpfung, die ein neues Lied anstimmt! Diese Gruppe sang den dritten Teil des neuen Liedes. Sie lobte Gott und das geschlachtete Lamm mit anderen Worten. Daraufhin sagten die vier lebendigen Kreaturen „Amen", und die vierundzwanzig Ältesten fielen auf ihre Knie und beteten Gott an.

Dieser gigantische Chor singt also in drei Stimmen, ein Lob in Variationen. Ein Lied, aber mit unterschiedlichen Harmonien. Verschiedene Stimmen, verschiedene Instrumente, aber alle singen das gleiche Lied. Wenn man so singt, muss man genau hinhören, was die anderen singen, sonst entsteht kein schöner Klang!

Diese Vision lässt mich über die Kirche nachdenken. Wir haben das Problem, dass wir viele Kirchen haben statt einer. Wir sind zersplittert in verschiedene Konfessionen und Denominationen. Ist es möglich, ein Lied zu singen, das alle verschiedenen Denominationen der ganzen Welt vereint? Das wäre ein neues Lied! Die alten Lieder trennen uns. Unsere Traditionen sagen, dass nur wir zu Gott gehören, aber nicht die anderen.

Wir werden eine neue Kirche, wenn wir das neue Lied singen, das Jesus dazu gratuliert, dass er alle Menschen aus allen Nationen für Gott freigekauft hat. Unsere Traditionen lassen uns alte Lieder singen, die uns voneinander trennen. Die Vision des Johannes hilft uns, zu sehen, dass da ein neues Lied ist. Und dass wir zu einem Chor gehören, der dieses neue Lied singt, sodass wir alle vor Gott zusammen sind.

Wenn du ein neues Lied singen willst, musst du einen Chor gründen, der keine einzige Person ausschließt: Frauen und Männer, Muslime und Christen – und alle singen zusammen, um Gott die Ehre zu geben. *– KK*

ACHTUNG! KANN SPUREN VON EVANGELIUM ENTHALTEN!

Unsere Arbeitsgruppe hat Zeit im Ruhrgebiet, in ostjavanischen Städten und im tansanischen Dar es Salaam verbracht. Dort haben wir Christinnen und Christen getroffen, die in populärkulturellen Umgebungen missionarisch aktiv sind. Obwohl diese Menschen sehr unterschiedlich sind und ganz unterschiedlich arbeiten, fanden wir bei denen, die uns besonders beeindruckt haben, einige Gemeinsamkeiten:

- Sie sind begeistert und tun das, was sie tun, aus vollem Herzen.
- Sie haben keine Angst vor der Umgebung, in der sie arbeiten, und lieben die Menschen, mit denen sie zu tun haben.
- Sie haben eine Botschaft und eine Praxis, die bei dem ansetzt, was die Menschen in ihrer Umgebung wirklich brauchen.
- Ihre Projekte und Programme sind nicht das Ergebnis strategischer Planung, sondern die Antwort auf Möglichkeiten, die sich ergeben haben.

Diese Beobachtungen haben für uns einige Selbstverständlichkeiten infrage gestellt. Wir sind dazu ausgebildet worden, Dinge strategisch zu planen, zu beobachten und auszuwerten. Solch eine Ausbildung ist durchaus sinnvoll, aber sie kann, gerade, wenn es um Evangelisation geht, dazu führen, dass wir sehr technokratisch vorgehen: Wir sehen uns eine bestimmte Situation an, wir definieren unsere Ziele und die gewünschten Ergebnisse, übersetzen dies in ein Programm, führen es durch und evaluieren es. Evangelisation im Rahmen populärer Kultur wird dann eine Sache der richtigen Methode und der korrekten Umsetzung. In unserer Arbeitsgruppe kam uns aber dann die Idee, dass es auch ganz anders gehen könnte.

In unseren Diskussionen und Reflektionen standen immer wieder die (inneren) Einstellungen im Mittelpunkt. Wenn es nämlich um die Frage der Unterscheidung der Geister geht, dann hat meine Haltung ganz entscheidend damit zu tun, wie meine kulturelle Analyse ausfällt. Wenn man eine bestimmte Situation unter einem Satz klarer Kriterien (wie zum Beispiel festgelegten Glaubensaussagen oder Verhaltensweisen) ansieht, dann ist die Antwort eindeutig und unflexibel. Ein Beispiel: Vor einigen Jahren begann eine Gruppe von Christen, in der „Coca-Cola-Oase" eines großen westdeutschen Einkaufszentrums Gottesdienste zu veranstalten, die jeweils hunderte von Besuchern anzogen, die sonst nie eine Kirche betreten hätten. Nach kurzer Zeit verbot jedoch der Kirchenkreis diese Gottesdienste mit der Begründung, „Coca Cola" repräsentiere alles, was am Kapitalismus schlecht sei. Darum könne man das Evangelium nicht in einer „Coca-Cola-Oase" verkündigen, ohne es zu verfälschen.

Ein anderes Beispiel: In Indonesien gibt es Kirchen, die von ihren Mitgliedern erwarten, dass sie ein „reines" und weltabgewandtes Leben führen. Sie sollen keine weltlichen Filme sehen, keine weltliche Musik hören und keine weltlichen Bücher lesen. Alle ihre Informationen sollen sie aus christlichen Zeitungen und Radio- oder Fernsehsendungen beziehen, um nicht mit Sünde und Dämonen in Kontakt zu kommen. Solche Christen sind dann schon bald nicht mehr in der Lage, mit Nichtchristen ein ganz normales Gespräch zu führen.

Wir fragten uns: Was würde passieren, wenn Christen, Gemeinden und ganze Kirchen beginnen würden, den Kulturen und Subkulturen in ihrer Umgebung mit einer zuhörenden und fragenden Haltung zu begegnen, mit der Erwartung, dass Gott dort mit seinem Geist anwesend ist, und nicht immer zuerst böse Mächte am Werk zu sehen? Man könnte auch sagen: ihnen mit einer Grundhaltung des (Gott-)Vertrauens statt einer des Verdachts zu begegnen? Und wenn sie dann einfach Dinge ausprobierten, kreativ und flexibel, statt immer alles genau zu planen?

Da gäbe es natürlich keine einfachen Antworten. Wir können nur miteinander im Gespräch bleiben, auf die Argumente und Einsichten der anderen hören und immer wieder in die Bibel schauen, um sicherzugehen, dass unsere Einsichten und das, was wir tun, mit der Heiligen Schrift kompatibel sind. Und dann werden wir vermutlich feststellen, dass in jeder denkbaren kulturellen Entwicklung und jeder kirchlichen Aktivität ebenso Spuren von Gottes Gnade zu finden sind wie Spuren von menschlicher Sünde. Manchmal mag das nicht leicht zu unterscheiden sein. Aber Gottes Gnade kann uns immer überraschen! – *CWO*

A
WARTE
IMMER
AUF GOTT,
ABER
NIEMALS
AUF DIE
KIRCHE!

Montag - Freitag
Samstag
Sonn- und Feiertag
i
INFORMATIONEN

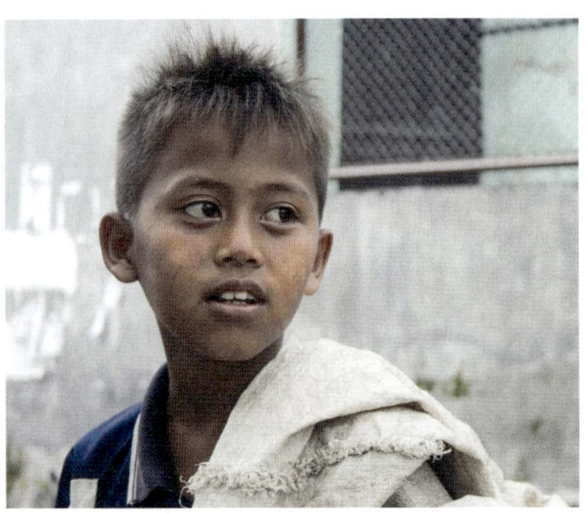

AYIK – WER, WENN NICHT ICH?

Bevor ich Ayik kennenlernte, war ich noch nie im Mergosono-Viertel gewesen. Ich wäre auch nie auf die Idee gekommen, mich in die schmalen Gassen dieses Slums in einem Industriegebiet zu wagen.

In Ayiks SMS stand, dass ihr „Kinderhilfsprogramm" in einer der Grundschulen dort stattfände. Während ich nach der Schule suchte, rief ich immer wieder die Adresse auf, die Ayik mir gegeben hatte. Abseits der Hauptstraße gab es nur schmale Gassen mit verwirrenden Windungen und steile Sträßchen. Ich musste mich durchfragen. Gut, dass ich mit dem Moped gekommen war; das würde ich wenigstens ohne Probleme parken können. Schließlich sah ich ein Schild, das auf die Schule hinwies, aber um dorthin zu gelangen, musste ich durch eine weitere schmale Gasse, in der sich die Häuser eng gegenüberstanden. Frauen unterhielten sich von Balkon zu Balkon. Und fast jede sprach mich an: „Wohin wollen Sie? Wen suchen Sie?" Wenn ich dann Ayiks Namen nannte, wiesen sie mich sofort zur Grundschule. Schließlich musste ich mein Motorrad abstellen, um die Schule zu erreichen.

Schon am Eingang hörte ich die Kinderstimmen, obwohl es doch ein Feiertag war. Ich folgte den Geräuschen. Offensichtlich führten die Schüler etwas auf der Terrasse vor einem Klassenraum auf; ich konnte aber nichts sehen, weil mehrere Mütter, die dem Programm zusahen, mir den Blick verstellten. Dann kam eine bebrillte Frau in weißem T-Shirt und grünen Hosen heraus, um mich zu begrüßen. Sie hatte die Haare zu einem Pferdeschwanz hochgebunden. Das war Yanuari Ningsih Aji, allgemein bekannt als Ayik, die ich treffen wollte. Hinter ihrer schlichten Aufmachung konnte ich Ehrlichkeit spüren. Die Kinder nennen sie „Kak Ayik", „liebe Schwester Ayik".

Früher arbeitete sie als Journalistin für die Kirchenzeitung der GKJW (Protestantische Kirche in Ost-Java), bis diese eingestellt wurde. Ihre Arbeit führte sie zu den Menschen von Mergosono. Vor ungefähr elf Jahren bekam sie den Auftrag, eine Reportage über die Slumbewohner zu schreiben, die am Ufer des Brantas-Flusses, also in Mergosono, leben. Während ihrer Recherche sah sie die physischen, mentalen und sozialen Lebensbedingungen der Kinder dort, was sie tief berührte. Von diesem Moment an fühlte sie sich berufen, etwas für sie zu tun. Sie fragte sich: „Wer, wenn nicht ich?", und beschloss, etwas zu verändern, indem sie dort ein Kinderhilfsprogramm aufbaute.

In den letzten elf Jahren hat sie jeden Sonntag drei bis vier Stunden in Mergosono mit einer Gruppe von Kindern verbracht. Es sind ungefähr 60, vom Kleinkind bis zum Teenager. Ayik kümmert sich um jedes Einzelne von ihnen. Sie möchte niemand enttäuschen, weil sie so begeistert zu ihr kommen.

Die Gruppe trifft sich auf der engen Terrasse vor einem der Klassenzimmer. Alle müssen auf dem Boden sitzen, aber das dämpft ihren Enthusiasmus nicht.

Heute gab es Leseunterricht. Karten mit Bildern, Buchstaben und Zahlen lagen auf dem Boden herum. Ayik hatte sie selbst gebastelt; manche waren schlicht laminierte Fotokopien. Einige kleine Kinder, die noch Lesen lernen mussten, versuchten, aus den Buchstaben, die sie gefunden hatten, Wörter zusammenzusetzen.

Ayik hat eine spezielle Beziehung zu den Kindern. Sie geht liebevoll mit ihnen um, und die Kinder lieben sie zurück und schauen zu ihr auf. Ayik ist ihre Freundin, ihre Lehrerin, eine Schwester oder sogar eine Mutter. Die Kinder reden ganz offen mit ihr über ihre Gedanken und Gefühle.

Ayik setzt ihre ganze Kreativität darein, immer neue Programme zu entwickeln. Die Kinder lernen, Dinge zu beobachten, etwas über Meerestiere oder das Zählen, es gibt Diskussionen oder Schatzsuchen. Als ich dort war, wollte sie mir

„Ich denke gewöhnlich in Projekten und Strukturen, nicht in Einzelaktionen. Aber das führt leicht dazu, dass man gar nichts tut. Mich fordert es heraus, dass Ayik einfach etwas tut."

das Gelände für die Schatzsuche zeigen: das Ufer des Brantas-Flusses gleich hinter dem Schulgebäude. Wieder mussten wir durch die gewundenen Gassen gehen. Überall lagen Abfälle herum und viele Häuser waren nur schnell aus Karton zusammengestückelt. Kleider hingen an Wäscheleinen, die über die Gasse gespannt waren. Weiter oben türmte sich Müll zu einem riesigen, stinkenden Berg. Die Kinder, denen Ayik hilft, und ihre Eltern verdienen ihren Lebensunterhalt damit, im Müll nach Plastik und Karton zu suchen, um es zu verkaufen.

Das Flusswasser war braun, und Müll trieb in der Strömung. Wir sahen Leute, die Sand abtrugen, und andere, die sich gerade wuschen. Die Strömung war stark. Vor einigen Jahren hatte der Fluss die Gegend überschwemmt, einschließlich der Grundschule. Aber er ist auch wichtig für die Leute, die an seinem Ufer leben. Sie haben weder Brunnen noch Badezimmer und brauchen den Fluss zum Baden, um ihre Kleidung zu waschen und als Toilette.

Ayik nutzt jede Gelegenheit, um die Menschen über die Wichtigkeit von (persönlicher) Hygiene aufzuklären. Manchmal bittet sie einen Beamten aus dem Gesundheitsamt, mit den Eltern der Kinder darüber zu reden. Und weil freie sexuelle Beziehungen in der Gegend nicht selten sind, lädt sie auch immer wieder Leute ein, die die Slumbewohner über HIV und AIDS aufklären.

Den Kindern bringt Ayik bei, sich die Zähne zu putzen, ihre Nägel zu schneiden und sich die Hände zu waschen. Manchmal gibt es einen Zahnputztag. Ayik kontrolliert regelmäßig die Fingernägel der Kinder. Sie schneidet sie, wenn sie zu lang sind, und sie erinnert die Kinder daran, sich regelmäßig die Hände zu waschen. Manchmal findet sie jemanden, der den Kindern Zahnbürsten und Zahnpasta spendet.

Die Menschen, die am Ufer des Brantas-Flusses leben, sind nach Malang gekommen, um dort ein besseres Leben zu finden als auf dem Land und dem Dorf, aus dem sie stammen. Doch weil sie meistens keine Ausbildung haben, enden sie als Fabrikarbeiter, Rikschafahrer oder Lumpensammler. Die Kinder in der Gegend kommen aus armen Familien mit vielen Kindern. Geburten folgen sehr schnell aufeinander; oft sind die Kinder nur ein Jahr älter als ihr nächstes Geschwister. Manche sehen aus wie Zwillinge, obwohl sie unterschiedlich alt sind. Die Kinder sind auch oft nicht gut ernährt; entweder sind die Eltern zu arm, um sich gesundes Essen zu leisten, oder sie wissen nichts darüber. Es ist nicht unüblich, dass eine Familie drei oder mehr Kinder hat, die im Alter ganz nah beieinanderliegen. Die älteren Kin-

der müssen oft auf die jüngeren aufpassen, weil die Eltern von morgens bis abends arbeiten; darum bekommen sie selbst nicht genug Liebe und Aufmerksamkeit.

Diese Kinder sind wirklich unterprivilegiert, denn sie müssen ihren Eltern oft noch dabei helfen, Geld zu verdienen. Wenn sie nicht spielen, sondern im Müll nach recycelbaren Rohstoffen für den Verkauf suchen, dann ist das nicht, weil sie sich ein Taschengeld verdienen möchten, sondern weil ihre Familien dringend etwas zum Essen brauchen, damit sie überleben können.

Ayik arbeitet jetzt in Malang für ein christliches Verlagshaus. Aus meiner eigenen Erfahrung als Angestellter in einem christlichen Werk weiß ich, dass Ayik sicher kein besonders hohes Gehalt bekommt. Arbeit in einer christlichen Organisation wird als „Dienst für den Herrn" angesehen, darum ist sie meist schlecht bezahlt. Manchmal liegen die Löhne noch unter den gesetzlich vorgeschriebenen Mindestlöhnen. Obwohl Ayik wenig verdient, spart sie immer etwas für die Kinder. Wenn sie Papier und Stifte für ihr Programm braucht, kauft sie sie selbst. Manchmal findet sie Spender, die ihr etwas für die Kinder schenken, aber das geschieht nicht regelmäßig. Um das Programm am Laufen zu halten, opfert Ayik vieles.

Genau deshalb ist sie im Viertel so akzeptiert. Nicht nur die Kinder, auch die Erwachsenen respektieren Ayik, die für ein besseres Leben dieser Kinder kämpft. Ayik ist wirklich ein Licht für diejenigen, denen sie hilft. Obwohl sie Christin ist, wird sie in diesem muslimischen Viertel sehr geschätzt. Als sie mit dem Programm begann, half ihr niemand, nicht einmal ihre Heimatgemeinde. Sie war allein. Dass sie schon seit elf Jahren durchhält, zeigt ihren Glauben an Christus. Sie hat sich entschieden, ihre Liebe zu zeigen, indem sie den armen Kindern hilft.

Für die Kinder ist Ayik viel mehr als eine Lehrerin. Vor allem denen, die in die Pubertät kommen, ist sie eine große Schwester. Sie ist jemand, mit der sie über alle ihre Gefühle und Gedanken reden können. Nach dem Kinderprogramm bleibt Ayik oft noch im Viertel, um Teenagern zuzuhören, die dringend ein offenes Ohr brauchen. Ayiks Herz ist wie ein Ozean, in den die Flüsse der Geschichten fließen, die die Teenager erzählen.

Vor einigen Tagen habe ich Ayiks Blog, „Ayik – Ceritaku" gelesen. Ich wollte sehen, was sie Neues über die Kinder und ihr Programm geschrieben hatte. Die meisten Einträge bezogen sich auf die Kinder, zum Teil mit Fotos. Die Geschichte von Nadia fiel mir besonders ins Auge. Nadia war in der zwölften Klasse, als sie Ayik in einem Brief schrieb, dass sie die Schulgebühren nicht mehr bezahlen könne. Die Schule konnte ihr nicht helfen und die Gebühren auch nicht stunden.

Nadia kommt aus einer kaputten Familie. Nach der Trennung ihrer Eltern mussten sie und ihre jüngere Schwester mit der Mutter von Jakarta nach Malang umziehen. Nadia ist eine sehr begabte Schülerin, aber ihre Mutter konnte die Schulgebühren einfach nicht mehr aufbringen, obwohl es nur noch ein paar Monate bis zu ihrem Schulabschluss waren.

Als Ayik Nadias Brief bekam, war sie entschlossen, einen Weg zu finden, um ihr zu helfen. Sie veröffentlichte Nadias Brief im Internet, auf Facebook, Twitter, und in ihren persönlichen E-Mails. Viele Leute reagierten darauf. Sie spendeten Geld, und die 3,5 Millionen Rupiah (ca. 350 Euro), die noch fehlten, kamen zusammen, sodass Nadia damit ihre Schulgebühren bezahlen konnte.

Weil Ayik sich entschied, etwas zu tun, konnte eine Schülerin doch noch ihren Abschluss machen. Ich stelle mir vor: Wenn es viele Menschen wie Ayik gäbe, die für andere, vor allem Kinder, sorgen, dann hätten viele ein besseres Leben und mehr Hoffnung. Ayik ist wie eine Kerze, die hell brennt.

Ich bete, dass Ayik viele Menschen inspiriert, damit sie sich kümmern, lieben und etwas für eine bessere Welt tun. *– ES*

Ayiks Blog findet sich unter
http://ayik-ceritaku.blogspot.com
Er ist in indonesischer Sprache geschrieben, aber die vielen Fotos geben eine Vorstellung von dem, was sie tut.

A

APOSTELGESCHICHTE 3,1–26

Was ich habe, das gebe ich dir

Einmal war ich in Paris. Ich wollte alles sehen, vor allem das, was meine Freunde mir empfohlen hatten. Einer dieser Orte war Sacre Cœur, eine Kirche auf einem Hügel über den Dächern von Paris. Schon von der Straße weit unten kann man dieses wunderbare alte, weiß-und-goldene Gebäude sehen. Ich musste hunderte von Stufen hochsteigen. Am Rand der Treppe saßen auf jeder Stufe Leute und genossen den Ausblick. Es ist ein bisschen ermüdend, aber von dort oben sieht Paris wunderbar aus.

Apostelgeschichte 3 erinnert mich an den Aufstieg zu dieser Kirche in Paris. Petrus und Johannes steigen zum Tempel hinauf, zur Gebetszeit in der neunten Stunde. Als sie am Tempeltor ankommen, das den Beinamen „das Schöne" hat, treffen sie auf einen lahmen Bettler, der auf Wohltaten hofft. Er bittet sie um Geld. Das „schöne" Tempeltor: Das erinnert uns daran, wie fantastisch der Tempel aussah.

Heutzutage geben manche Kirchengemeinden enorm viel Geld aus, um eine „wunderbare" Kirche zu bauen, ein Gebäude mit Prestige, das die Menschen anziehen soll. Aber manchmal sitzen die „Lahmen" dann vor dem Tor, die geistlich Lahmen, auf die keiner zugeht. Die Kirche ist ein Ort mit Prestige, und die dort hingehen, müssen sich gut anziehen und mit einem glänzenden Auto vorfahren.

„Sieh uns an.
Silber und Gold habe ich nicht.
Aber was ich habe, gebe ich dir."

Wir wissen, dass Petrus ein Fischer war. Er war nicht reich, aber dass er gar kein Geld bei sich hatte, ist unwahrscheinlich. Doch war er wohl kaum der größte Spender in seiner Gemeinde. Und auch keiner, der mit großen Summen die Armen und Bedürftigen unterstützte.

Petrus sieht den Lahmen, und es trifft ihn ins Herz. Er will Kontakt. Darum sagt er: „Sieh uns an." Das war ihm wichtiger als das, was der Lahme jetzt wollte. Petrus erkennt, dass etwas Fundamentaleres nötig ist. Etwas, das kostbarer ist als Silber und Gold.

Was hat Petrus zu bieten?

Heilung von Gott. Geld, materielle Hilfe wirkt immer nur kurzfristig. Geld hätte für einen Tag gereicht, für etwas zum Essen. Dann wäre es wiederum alle gewesen, und er hätte neues gebraucht für den nächsten Tag.

Wir leben in einer Instant-Kultur: Was ich jetzt brauche, will ich jetzt haben. Wie eine Bestellung bei McDonald's. So einfach. So schnell. Aber auch so schnell aufgegessen.

Wir glauben auch, dass wir in der Kirche vor allem Geld brauchen für unsere Arbeit. Manche Kirchen veranstalten riesige Events, um Spenden einzuwerben. Manche versprechen sogar Wunder, damit viele kommen und dann viel Geld in die Kollekte tun …

Was Petrus hat:

Initiative
Willen
Fürsorge
Liebe
Vertrauen
Glauben

„Aber was ich habe, gebe ich dir.
Im Namen von Jesus Christus aus Nazaret –
steh auf!"

Petrus fordert den Mann auf, aufzustehen, greift seine Hand und zieht ihn hoch. Wir sehen, wie Gott und Menschen zusammenarbeiten, um ihm zu helfen. Der Mann wird geheilt, weil Petrus den Namen Jesu anruft. Zwischen Petrus und Jesus gibt es eine Verbindung. Dieselbe Macht ist am Werk. „Die Macht gehört Christus, aber die Hand Petrus."

Die Menschen sehen den Geheilten, staunen, erschrecken und loben Gott. Was dem Lahmen passiert, segnet die anderen.

Petrus und Johannes brauchen keine Ehre und keinen Ruhm.

Sie wissen, dass die Ehre allein Gott gehört. Petrus ist nur ein kleiner Bestandteil dieses Wunders. Er ist einfach ein Instrument, das Gott gebraucht. Der Sinn von Wundern ist, dass Gott gelobt wird.

Die Frage ist:

Haben wir immer noch

Glauben
Vertrauen
Liebe
Fürsorge
Willen
Initiative?

Gib, was gebraucht wird. Jesus fordert uns auf, mehr zu tun als das Wunder, das wir erwarten.

– ES

EIN GEBET

Dass wir das Schöne entdecken.
Den Eingang. Den Zugang.
Und das Gelähmte.
Das Bettelnde.
Die Jünger und den Tempel.
Das Wort.
Die Füße und die zurückkehrende Stärke.
Die Freude. Den Tanz. Das Lob Gottes.
Dass wir es in uns entdecken. In unserer Kirche.
In dieser Welt.

Apfelblüten-Gebet

In Java stehe ich auf einem Hügel voller Apfelbäume
die einen, links, tragen weiße Blüten
die anderen, rechts, tragen reife Früchte
wo ich herkomme, gibt es nur das „Entweder-oder“
hier entdecke ich ein „Sowohl-als-auch“
und bete

Schöpfer der Welt
wie großartig Du bist
in der Sprache der Apfelblüten
erzählst Du meinem müden Herz
ein Wunder

Du erzählst meinem Herz
das so schnell urteilt und einteilt
von Gleichzeitigkeit und vom Wir
statt von Gegensätzen und Trennung
statt vom Schwarz-Weiß von feinem Rosa und sattem Grün

Auf einem Hügel in Java
vertraue ich mich dem Augenblick an
fühle mich wie im Paradies
kann ich glauben, dass die Erkenntnis von Gut und Böse
niemals das letzte Wort hat
dass das tote Holz vom Kreuz
der neue Baum des Lebens wurde
und blüht und blüht und Früchte trägt
kann ich staunen
berge mich in der Kraft, die das schafft
kann vertrauen
dass Du Deine Welt erhältst und vollendest
nicht ohne uns
nicht ohne Apfelblüten
nicht ohne Früchte
niemals ohne dieses Wunder vom Wir

Amen

– CB

LASST UNS ENTDECKEN, WAS AUSSERHALB UNSERER KIRCHE IM NAMEN JESU GETAN WIRD.

„EVANGELISATION UND POPULÄRE KULTUR"

ERKLÄRUNGEN FÜR GRUPPENLEITENDE

Dieser Fragebogen richtet sich an Kirchen und Gemeinden. Man kann ihn mit Pfarrern und kirchlichen Mitarbeitenden diskutieren, aber auch mit Presbytern, Kirchenältesten, Jugend-, Frauen- und Männergruppen, Arbeitskreisen für Mission usw.

Dieser Fragebogen ist sehr lang und bietet Material für eine Reihe von Gruppendiskussionen. Wenn Ihre Gruppe daran Interesse hat, kann sie über einen gewissen Zeitraum damit arbeiten. Sie können aber auch einfach einige Fragen auswählen, um an einem Termin damit zu arbeiten. Wir empfehlen, für einen Zeitraum von 90 Minuten nicht mehr als vier bis fünf Fragen auszuwählen.

Dies ist ein Fragebogen zur Selbstevaluierung. **Das heißt, es gibt keine „richtigen" oder „falschen" Antworten.** Die Fragen sind offen und möchten Sie in Ihrem eigenen Nachdenken über Ihren Glauben und Ihre Evangelisation anleiten. Wenn Menschen innerhalb einer Gruppe die Fragen unterschiedlich beantworten, ist das ein guter Ausgangspunkt für die Diskussion und weitere Lernschritte. Versuchen Sie lieber zu verstehen, wie es zu den unterschiedlichen Antworten kam, als sich gegenseitig von der Richtigkeit der eigenen Ansicht zu überzeugen.

Wählen Sie Fragen aus, die für Ihre Gruppe relevant sind. Nicht alle Fragen funktionieren in jeder Situation und Gruppe.

Wir machen Ihnen Vorschläge, wie Sie mit diesen Fragen arbeiten können. Sie können es aber auch ganz anders versuchen – so, wie es in Ihrer Gruppe am besten funktioniert!

A. ALLGEMEINE FRAGEN:

A1. Was ist die Gute Nachricht?
In einem Satz: Worum geht es im Evangelium? (Zum Beispiel: Vergebung der Sünden, Leben in Fülle, den Sinn des Lebens finden, Liebe?)

➔ *Bitten Sie die Teilnehmenden, ihre persönliche Antwort auf ein Blatt Papier zu schreiben. Geben Sie dafür ca. fünf Minuten Zeit.*

Wenn die Gruppe groß ist und die Teilnehmenden sich untereinander nicht gut kennen, bleiben die Antworten am besten privat. In diesem Fall sollten Sie der Gruppe schon von Anfang an sagen, dass die Antworten nur für jede und jeden selbst sind und nicht in der Gruppe darüber gesprochen werden soll.

Bitten Sie die Teilnehmenden, ehrlich zu antworten und nicht nur dogmatische Sätze zu wiederholen, die sie gelernt haben. Sie sollen aufschreiben, was das Evangelium ihnen selbst in ihrer jeweiligen Situation bedeutet. Wir empfehlen diese persönliche Reflexion als Vorbereitung der Gruppendiskussion über die folgenden Fragen.

Die Antworten auf diese Frage in der Gruppe zu besprechen funktioniert nur, wenn Sie es mit einer kleinen Gruppe zu tun haben, deren Mitglieder sich kennen und einander vertrauen und die bereit sind, ganz ehrlich miteinander zu sein. Wenn das nicht der Fall ist, ist Einzelarbeit besser, damit die Teilnehmer ihre persönlichen Antworten geben und nicht nur „richtige" dogmatische Sätze nennen.

A2. Gibt es unterschiedliche Evangelien für unterschiedliche Kulturen und Milieus?
Wenn ja, nennen Sie bitte Beispiele. Wie wurden diese Botschaften entwickelt?
Und: Wie können Sie wissen, dass jede dieser Botschaften tatsächlich die Gute Nachricht von Jesus Christus vermittelt?

➔ *Lassen Sie diese Fragen zunächst in kleinen Murmelgruppen von zwei bis drei Personen diskutieren. Geben Sie dafür ca. 15 Minuten Zeit. Bitten Sie dann die Kleingruppen, ihre Ergebnisse der gesamten Gruppe vorzustellen. Dabei sollen die Beispiele möglichst konkret beschrieben werden.*

A3. Wie verändert der Kontext den Inhalt der Botschaft des Evangeliums?
Und wie verändert der Inhalt des Evangeliums den Kontext?
Dies ist eine sehr schwierige Frage. Um sie zu beantworten, braucht man eine gute Bibelkenntnis und ein gutes Verständnis des eigenen Kontexts und der eigenen Geschichte. Meistens ist es für Außenstehende leichter zu erkennen, wo und wie ein bestimmter Kontext die Botschaft des Evangeliums beeinflusst hat und wo und wie das Evangelium eine Kultur und Gesellschaft beeinflusst.

➔ *Darum ist dies eine gute Frage für Gruppen, in denen sich Menschen aus unterschiedlichen kulturellen Hintergründen treffen, zum Beispiel ökumenische Partnerschaftsgruppen. Dabei ist es wichtig, Beobachtungen ehrlich auszusprechen, dabei aber bescheiden und offen zuzuhören, wenn die eigenen Beobachtungen von denen, über die und deren Kultur gesprochen wird, ganz anders interpretiert werden.*

A
LO
LOVE GOD. LOVE YOURSELF. LOVE YOU

VE
EIGHBOR. AND INVEST IN ALL OF THEM.

A4. Welchen Einfluss hat es auf unsere Botschaft, dass wir eine Mehrheits- oder eine Minderheitskirche/eine Mehrheits- oder Minderheitsreligion sind?
Dies ist eine gute Frage zur Diskussion zwischen Menschen aus verschiedenen Kirchen und Situationen.

Für den deutschen Kontext: Verstehen wir unsere eigene evangelische Kirche als eine Mehrheits- oder eine Minderheitskirche?

➔ *Bitten Sie die Teilnehmenden, über diese Frage abzustimmen. Bitten Sie dann diejenigen, die der gleichen Ansicht waren, jeweils eine Gruppe zu bilden, und diskutieren Sie die oben genannte Frage. Geben Sie dafür 20 bis 30 Minuten Zeit. Präsentieren Sie die Ergebnisse der Gruppe im Plenum und geben Sie Zeit für Nachfragen und Diskussion.*

A5. Wie verhalten sich Evangelisation und Dialog zueinander?
Die Antwort auf diese Frage wird je nach Kontext sehr unterschiedlich ausfallen. Darum ist dies eine weitere Frage, die sich gut in Gruppen mit Teilnehmenden aus unterschiedlichen Kirchen diskutieren lässt.

➔ *Sammeln Sie auf Zetteln oder auf einem Whiteboard Begriffe, Geschichten und Erfahrungen, die der Gruppe zu Evangelisation und Dialog einfallen. Sind die Assoziationen eher positiv oder eher negativ? Lassen Sie die Gruppe dies nach ca. 15 Minuten bewerten.*

Fragen Sie dann nach dem Verhältnis von Evangelisation und Dialog. Bitten Sie die Gruppe, dafür maximal fünf Bestimmungen vorzuschlagen (zum Beispiel: „gehören zusammen", „widersprechen sich", „schließen sich gegenseitig aus/ein" etc.). Fragen Sie, wer welcher Bestimmung zustimmt, und bilden Sie entsprechende Kleingruppen. Diese sollen die Argumente für ihre Entscheidung zusammentragen (15 Minuten) und dann dem Plenum vorstellen.

A6. Wenn wir Evangelisation sagen, meinen wir dann nur die Predigt oder die mündliche Weitergabe des Evangeliums? Wenn nicht: Welche anderen Wege können wir uns vorstellen, das Evangelium weiterzugeben?

➔ *Bitten Sie die Teilnehmenden, diese Frage zunächst in Murmelgruppen von zwei bis drei Personen zu diskutieren. Geben Sie dafür ca. zehn Minuten Zeit. Diskutieren Sie dann die Erkenntnisse der Murmelgruppen im Plenum.*

A7. Alle ansprechen, keinen erreichen? Einige ansprechen, mehr erreichen?
Wenn Sie zur zweiten Frage Ja sagen: Zu welchen Menschen ist Ihre Gemeinde/Gruppe gesandt?

Im Prinzip sind unsere Kirchen offen für alle, und wir möchten das Evangelium allen Menschen weitersagen. Faktisch evangelisieren und organisieren wir uns als Kirche aber so, dass wir nur ganz bestimmte Gruppen und Menschen erreichen. Wenn wir uns bewusst machen, was die Charakteristika und Stärken unserer eigenen Gemeinde sind, und diese ausbauen, können wir vielleicht mehr Menschen erreichen, als wenn wir versuchen, allen zu gefallen.

➲ *Bitten Sie die Teilnehmenden, diese Frage zunächst in Murmelgruppen von zwei bis drei Personen zu diskutieren. Geben Sie dafür ca. zehn Minuten Zeit. Sammeln Sie dann im Plenum, was die Teilnehmenden über die Eigenarten und Stärken Ihrer Gemeinde sagen, und schreiben Sie es auf. Diskutieren Sie miteinander über die Frage, zu welchen Menschen Ihre Gemeinde gesandt ist.*

A8. Was ist die größte Herausforderung für uns als Kirche: dass die Menschen um uns herum gar nichts mehr glauben/säkularisiert sind? Oder dass sie anderes und anders glauben, als wir es in unseren Kirchen predigen und leben? (Engel, Horoskope, Esoterik ...)

➲ *Bitten Sie die Teilnehmenden, diese Frage zunächst in Murmelgruppen von zwei bis drei Personen zu diskutieren. Geben Sie dafür ca. zehn Minuten Zeit.*

Lassen Sie dann im Plenum abstimmen, wer die erste und wer die zweite Aussage für richtig hält, und diskutieren Sie das Ergebnis. Bitten Sie die Teilnehmenden, konkret zu erzählen, welche anderen Formen von Glauben sie in ihrer Nachbarschaft erleben.

A9. Dürfen Atheisten, Gläubige anderer Religionen oder andere christliche Kirchen/Bewegungen/Traditionen unseren Glauben, unsere Liturgien und unser Predigen hinterfragen?
Wenn ja: Wann und wo ist dies passiert?
Wenn nein: Warum nicht?
Wenn nein: Was müsste passieren, um in Ihnen die Bereitschaft zu wecken, sich von anderen Religionen oder Traditionen herausfordern zu lassen? Und was könnten Sie tun, um Menschen anderer Religionen oder Traditionen zu treffen?

Dies sind Fragen für Menschen, die bereit sind, mit sich selbst und miteinander sehr ehrlich umzugehen.

➲ *Bitten Sie die Teilnehmenden, zunächst für sich allein über diese Fragen nachzudenken. Wenn sie möchten, können sie sich ihre Antworten notieren. Geben Sie dafür ca. zehn Minuten Zeit. Bitten Sie dann die Teilnehmenden, ihre Antworten der Gesamtgruppe vorzustellen. Diskutieren Sie, was diese Antworten für Ihre konkrete Gemeinde/Gruppe bedeuten.*

WAS LÄSST DICH LEUCHTEN?

B. EVALUIERUNGSFRAGEN FÜR KIRCHEN UND GEMEINDEN, DIE ÜBER MISSIONARISCHE GRUNDHALTUNGEN NACHDENKEN WOLLEN:

B1. Den eigenen Kontext verstehen
Kennen Sie den (geistlichen) Hunger der Menschen in Ihrer Umgebung? Und den (geistlichen) Hunger der Jugendlichen in Ihrer Kirche? Wonach hungern diese Menschen?

Dies sind Fragen, die alle missionarischen Christen sich immer wieder neu stellen sollten. Um sie angemessen zu beantworten, müssen wir anderen offen zuhören, ohne gleich unsere eigenen Schlüsse zu ziehen. Die Antworten auf diese Fragen werden sich auch mit der Zeit verändern, das heißt, wir können sie nie ein für alle Mal geben.

➔ *Bitten Sie die Teilnehmenden, diese Frage zunächst in Murmelgruppen von zwei bis drei Personen zu diskutieren. Geben Sie dafür ca. zehn Minuten Zeit. Tragen Sie dann die Ergebnisse der Murmelgruppen im Plenum zusammen. Machen Sie eine Liste dessen, wonach Menschen hungern, und entscheiden Sie, welcher Hunger der größte ist.*

Nachdem Sie diese erste Frage beantwortet haben, können Sie entweder mit Frage B2. fortfahren oder gleich zu Frage B9. springen.

Manchmal kann es auch gut sein, gleich zu Frage B12 zu gehen.

B2. Wie können wir entscheiden, was wir innerhalb einer Kultur annehmen und was wir ablehnen, ohne gesetzlich zu werden und andere zu richten?
Zur Beantwortung dieser Frage schlagen wir die folgenden Kriterien und Haltungen vor.

Kriterien:
Die zehn Gebote, die Bergpredigt.
Gibt es Gott die Ehre, baut es die Kirche auf?
Werden Menschen befreit und gestärkt?

Haltungen:
Beobachte, triff Menschen, lebe langfristig mit ihnen zusammen.
Bedenke, dass du nie allein die Wahrheit haben kannst.
Akzeptiere die weltweite Kirche.
Denke daran, dass du Gottes Kraft brauchst.
Höre zu, bevor du sprichst.
Lass dich vom Heiligen Geist leiten.
Suche Gott in allem.
Sei demütig.
Liebe Gott, liebe dich selbst, liebe deinen Nächsten, liebe deine Feinde.
Sei dir klar darüber, dass du selbst Vergebung brauchst.
Entwickle die Fähigkeit zuzugeben, dass du nicht Recht hast.
Vergib anderen und dir selbst.

➔ *Diskutieren Sie in einer Gruppe mit maximal zwölf Teilnehmenden, ob diese Kriterien Sie überzeugen. Gäbe es Kriterien, die Sie hinzufügen würden? Erstellen Sie Ihre eigene Liste und hängen Sie sie in Ihrer Gemeinde dort an die Wand, wo die Leitungsgremien tagen.*

Wie können wir die Zeiten, in denen wir leben, wertschätzen?
Vor allem ältere Menschen haben oft den Eindruck, dass die Zeiten immer schlechter werden. Sehen zu lernen, was gut ist und was besser wird, ist nicht einfach und braucht einige Übung.

➔ *Hier eine Übung für eine Gruppe von fünf bis zehn Personen: Bitten Sie die Teilnehmenden, Institutionen, kulturelle und soziale Entwicklungen, Ereignisse, politische Entscheidungen etc. aufzuzählen, die sie positiv bewerten. Brainstormen Sie. Notieren Sie das Gesagte auf einer Tafel, einem Whiteboard oder Flipchart. Und dann danken Sie gemeinsam Gott für alles, was dort aufgelistet ist.*

B3. Wie erkennen wir, ob Gott in unserem kulturellen Kontext am Werk ist? Und wie erkennen wir den Einfluss böser Mächte?
Welche kulturellen Praktiken müssen wir vom Evangelium her Sünde nennen?
Und welche können wir „taufen"?

Wie gehen wir mit Menschen um, die etwas praktizieren, was unsere Kirche/Gemeinde als sündig ansieht?

➔ *Bitten Sie die Teilnehmenden, diese Fragen zunächst in Murmelgruppen von zwei bis drei Personen zu diskutieren. Geben Sie dafür ca. 15 Minuten Zeit. Bitten Sie die Teilnehmenden, zunächst die kulturellen Praktiken aufzulisten, bei denen sie ein ungutes Gefühl haben oder die sie nicht leiden können. Dann sollen die Murmelgruppen überlegen, welche Praktiken abgelehnt werden müssen und welche „getauft" werden könnten.*
Diskutieren Sie die Ergebnisse im Plenum.

➔ *Eine zweite Runde könnte die Einsichten vertiefen, die durch diese Frage gewonnen werden. Bitten Sie die gesamte Gruppe, kulturelle Praktiken aufzuzählen, die sie „normal" finden. Ist Gott in diesen Praktiken am Werk oder eher nicht? Diskutieren Sie.*

B4. Sind bestimmte Kulturen „besser" als andere?
(Überprüfen Sie Ihre eigenen Vorurteile!)

Dies ist eine andere Frage, die sich für Einzelarbeit eignet. Vermutlich werden die meisten Menschen zunächst mit „Nein" antworten. Aber wenn wir ehrlich sind, haben die meisten von uns doch bestimmte Vorurteile gegenüber anderen Kulturen. Zum Beispiel: Ist dörfliche Kultur besser als städtische? Ist Jugendkultur schlechter als die Kultur der Erwachsenen?

➔ *Bitten Sie die Teilnehmenden, für sich selbst ungefähr zehn Minuten über diese Frage nachzudenken. Bilden Sie dann kleine Gruppen von maximal fünf Personen, in denen sich diese über ihre Antworten austauschen können.*

A

ES GIBT NUR EIN

ABER WIR KENNEN ES NUR NACH MATTHÄUS, MARKUS, SHUK CHING UND KISUBA.

EVANGELIUM.

WER MUSS SICH VERÄNDERN, WARUM UND WIE?

Die nächsten drei Fragen gehören eng zusammen. Sie sind besonders dann wichtig, wenn Ihre Kirchengemeinde eine evangelistische Aktion plant.

B5. Welche Veränderung erwarte ich/erwartet unsere Gemeinde von jemand, der/die Christ wird?

➜ *Bitten Sie die Teilnehmenden, zunächst für sich allein darüber nachzudenken. Bitten Sie sie, ehrlich zu antworten. Geben Sie ihnen ca. zehn Minuten, ihre Antworten zu notieren. Bilden Sie dann Kleingruppen von drei bis vier Personen, die ihre Antworten austauschen und diskutieren. Geben Sie dafür ca. 15 Minuten Zeit.*

Sammeln Sie dann alle Antworten im Plenum und überlegen Sie gemeinsam, ob diese Erwartungen im Licht des Evangeliums gerechtfertigt sind oder nicht.

B6. Wie muss sich die Kirche verändern, wenn Menschen Christen werden?
Diese Frage kann im Zusammenhang mit einer Bibelarbeit zu Apostelgeschichte 15 diskutiert werden.

➜ *Bitte beachten Sie, dass diese Frage nicht lautet: Wie muss sich die Kirche verändern,* ***damit*** *mehr Menschen Christen werden? Es ist keine theoretische Frage; darum sollte sie nur diskutiert werden, wenn Menschen überlegen, Ihrer Gemeinde beizutreten oder dies vor Kurzem getan haben. Es lohnt sich, wenn Pastoren und Presbyter/Kirchenälteste darüber nachdenken, was nötig ist, damit diese neuen Mitglieder in der Gemeinde bleiben und sie nicht bald wieder verlassen. In einer solchen Situation ist es von entscheidender Bedeutung, diesen Menschen zuzuhören und zu erfahren, was sie von Ihrer Gemeinde/Gruppe erwarten und brauchen.*

B7. Welche Grenzen und Kennzeichen sind nötig, damit die Kirche als Kirche Jesu Christi erkennbar bleibt?
Diese Frage allein kann mehrere Abende füllen. Sie könnte auch so formuliert werden:

Was unterscheidet Christen von anderen Menschen und eine Kirche von anderen sozialen Gruppen?

Oder:
Woran erkennt man, dass jemand Christ ist? An bestimmten Verhaltensweisen? Weil er/sie sonntags zur Kirche geht? An Ehrlichkeit in Geschäften? An einem gesunden Familienleben? Daran, dass er/sie vor der Ehe keinen Sex hat? Am regelmäßigen Bibellesen? Oder an bestimmten Haltungen, die sein/ihr Leben bestimmen? Daran, dass man andere ohne Vorbedingungen liebt? Daran, dass man Feinden vergibt? Oder an bestimmten Glaubensüberzeugungen wie der Jungfrauengeburt oder der leiblichen Auferstehung Christi?

➜ *Die folgenden Bibeltexte können bei der Diskussion helfen:*
Markus 16,17–18
Apostelgeschichte 2,42–47
Johannes 13,34–35 und 1. Johannes 1,3–5

Nach der Diskussion von Frage B1. können Sie gleich fortfahren, indem Sie der gesamten Gruppe die folgende Frage stellen:

B8. Sind wir bereit, den geistlichen Hunger von Menschen zu stillen, auch wenn wir uns dafür verändern müssen?
Manchmal erscheint unsere Evangelisation so, also ob wir Menschen die Natur des Wassers (= H_2O) erklären würden, statt ihnen zu trinken zu geben.

➔ *Auch diese Frage eignet sich gut für persönliche Reflexion und persönliches Gebet. In einer Gruppe kann man sie während einer Klausur behandeln. Bitten Sie die Teilnehmenden, sich ernsthaft zu fragen, zu welchen Veränderungen in ihrer geliebten Kirche sie bereit wären. Bestätigen Sie, dass es schwer ist, sich um anderer willen zu ändern. Gerade dann, wenn es einer Gemeinde gutgeht, wenn sie lebendige Gottesdienste pflegt und die Mitglieder sich gegenseitig sehr mögen, können Veränderungen sehr schmerzhaft sein. Wie viel sind die Teilnehmenden bereit aufzugeben, um andere zu evangelisieren?*

➔ *Geben Sie den Teilnehmenden 30 Minuten Zeit, darüber nachzudenken und den Heiligen Geist zu bitten, ihre Herzen für notwendige Veränderungen bereit zu machen. Dies sollte jede und jeder zunächst für sich allein tun. In einer kleinen Gruppe, in der man sich gegenseitig vertraut, kann man anschließend darüber sprechen, was man für sich selbst erkannt hat.*

B9. Wo müssen wir als Kirche/Gemeinde kontextuell sein?
Und wo müssen wir eine Gegenkultur bilden?
„Kontextuell" meint: Unserer Umgebung so ähnlich sein wie möglich.
„Gegenkultur" meint: christliche Werte im Widerspruch zu unserer Umgebung leben.

Auch diese Frage lässt sich nicht innerhalb einer Stunde beantworten, sondern muss immer wieder neu gestellt und bedacht werden. Weil unsere Kontexte und Kulturen sich verändern, müssen auch unsere Antworten sich verändern.

➔ *Bei der Diskussion dieser Frage sollten Sie die folgenden Aspekte in den Blick nehmen:*
- *Geld/Konsum*
- *Sexualität/Ehe/Familie*
- *Wertvorstellungen*
- *Politik*

➔ *Machen Sie eine Liste von Kriterien, die Ihnen bei der Entscheidung helfen.*
Die Liste von Kriterien und Haltungen unter B2. kann dabei hilfreich sein.

➔ *Es ist sehr hilfreich, diese Frage in einer Gruppe zu diskutieren, die Menschen aus unterschiedlichen kulturellen und/oder konfessionellen Hintergründen zusammenbringt. Wir empfehlen sie besonders für Partnerschaftstreffen. Für die Diskussion in einer solchen interkulturellen Gruppe kann die folgende Frage uns helfen zu verstehen, warum unsere Antworten so unterschiedlich ausfallen:*

Wie beeinflusst meine eigene Kultur die Antwort auf die oben gestellten Fragen?

FRAGEN, DIE WIR UNS ÜBER LANGE ZEIT IMMER WIEDER NEU STELLEN MÜSSEN:

B10. Wie sehen relevante Liturgien aus?
„Liturgie" wird definiert als „ein gewohnheitsmäßiges Repertoire von Ideen, Sätzen oder Bräuchen".

Liturgien gibt es nicht nur im Gottesdienst, sondern auch in vielen anderen Kontexten (zum Beispiel politischen Veranstaltungen, Sportveranstaltungen, Familienfeiern etc.).

Traditionelle Gottesdienstliturgien werden oft als langweilig und irrelevant erlebt. Welche Elemente sind notwendig, damit der Gottesdienst für unseren Alltag Relevanz hat?

Dies ist eine Leitfrage, die einen Kirchenvorstand/ein Presbyterium für eine längere Zeit beschäftigen kann.

➔ *Wenn sie in einer Sitzung diskutiert werden soll, kann man mit einem Blick auf säkulare Liturgien beginnen (zum Beispiel Fanverhalten bei Fußballspielen; Wahlveranstaltungen; populäre Fernsehshows; Popkonzerte; Muster von Mediennutzung – Fernsehen, Internet, Radio, Facebook; Konsum- und Einkaufsmuster; Kulturfestivals usw.). Was macht solche Liturgien attraktiv und relevant für andere Menschen und für Sie selbst? Verbinden Sie das Nachdenken darüber mit Frage B1. – säkulare Liturgien geben vor, wie geistliche Liturgien geistlichen Hunger zu stillen.*

Stellen Sie dann die folgenden beiden Fragen:

Stillen die Liturgien unserer kirchlichen Veranstaltungen den Hunger, der in den populären säkularen Liturgien zum Ausdruck kommt?

Wie müssten sich unsere Liturgien (im Gottesdienst und im alltäglichen Christenleben) verändern, um auf den geistlichen Hunger der Menschen einzugehen?

B11. Wie können Pfarrer und kirchliche Mitarbeitende wieder „begeistert" werden von dem, was sie tun?
Viele Pfarrer und kirchliche Mitarbeitende sind überarbeitet, müde und ausgebrannt. So ist es schwer, andere zu evangelisieren. Nur wer begeistert ist, kann andere begeistern; nur wenn Ihr Feuer brennt, kann es andere entzünden. Also:

Was lässt Sie leuchten? (Und wie viel Zeit haben Sie dafür?)

Was füttert und erneuert Ihr inneres Feuer?

➔ *Dies ist eine Frage für Pfarrer und kirchliche Mitarbeitende zur persönlichen Reflektion. Wenn sie in einer Gruppe diskutiert werden soll, geschieht dies am besten im Rahmen einer Klausur mit viel Zeit zum Gebet.*

B12. Wie können normale Kirchenmitglieder so in Programme eingebunden/ herausgefordert/gestärkt werden, dass die Pfarrer nicht immer für alles verantwortlich sein müssen?

➲ *Dies ist eine Frage für Kirchenvorstände/Presbyterien, wenn sie die Programme ihrer Gemeinde planen.*

Die folgenden Fragen lassen sich nie abschließend beantworten. Sie sollten uns immer dann vor Augen stehen, wenn Kirchen und Gemeinden über ihre Predigt, ihre Lehre und ihr Leben nachdenken und Pläne für die Zukunft schmieden.

B13. Wie kann unsere Botschaft einfach verständlich sein, ohne seicht zu werden?

B14. Wie können wir traditionelle Strukturen so verändern, dass sie gegenwärtigen Herausforderungen gerecht werden?

B15. Wie können wir die Lücke zwischen kreativen Initiativen und den etablierten Kirchenstrukturen überbrücken? Wie finden wir die nötigen Brückenbauer?

B16. Wie können Kirchen lernen, auf Jugendliche zu hören und von ihnen zu lernen? Wie können Jugendliche gestärkt und ermutigt werden, ihre eigenen Programme/ Projekte innerhalb der Kirche zu entwickeln?

B17. Lohnt sich die Anstrengung, existierende Gemeinden zu verändern? Oder sollten wir lieber neue gründen?

B18. Wie gelingt es uns, nicht nur geistliche Bedürfnisse zu befriedigen, sondern Menschen zu Jüngern zu machen?

B19. Wie können neue Formen christlicher Gemeinschaft aussehen?

EIN GEBET FÜR EINHEIT UND VIELFALT

Ich will mir nicht vorstellen, dass es keine Länder gäbe, Herr
Ohne ein Land wüsste ich nicht, wohin ich gehöre
Was mir fehlen würde

Wunderbar – du hast jeden von uns in ein Land gesetzt
Nach deinem Willen

Aber

Was soll ich sagen
Wenn alles kaputt gemacht wird
In Stücke zerfällt
Wenn Arroganz die Macht übernimmt
Und die Mehrheit die anderen kontrolliert
Keine Toleranz
Keine Entschuldigungen
Keine Akzeptanz
Keine Farben
Keine Unterschiede

Ich lebe in einer wunderschönen Welt
In einem Land mit atemberaubenden Landschaften und erstaunlichen Kulturen
Wunderbar

Vielleicht nicht so schön wie Eden, deine frühere Schöpfung

Aber

Das ist mein Gebet:
Schenke uns die Einheit, unsere Verschiedenheiten zu akzeptieren
Und mache deinen Gebetsraum farbenfroh

Hier
In meinem Land
In der Welt …

– *ES*

PRAY FOR JAPAN
8.9 earthquake. tsunami. 11.03.2011.
by pandemic

KIRCHE NEU DENKEN

WEGE STATT WURZELN

Das Thema unserer Arbeitsgruppe war „Evangelisation und populäre Kultur". Wir haben aber schnell gemerkt, dass wir auch über die Kirche nachdenken müssen. Denn wie wir uns als Kirche organisieren, wie wir Gottesdienst feiern, wie wir christliches Leben definieren – das alles ist von der Kultur und Gesellschaft, in der wir leben, beeinflusst. So ist zum Beispiel eine typische evangelische Kirchengemeinde nach den Mustern der Vereine organisiert, die im 19. Jahrhundert entstanden sind: Es gibt die Frauenhilfe und die Krabbelgruppe, einen Bibelkreis und einen Jugendtreff und vermutlich noch andere Gruppen, die durch Interesse, Alter oder Geschlecht bestimmt sind. Wenn wir heute evangelisieren, dann wollen wir neue Menschen gewinnen, die unserer Gemeinde und diesen Gruppen beitreten.

Bei unseren Besuchen haben wir jedoch Formen von Evangelisation und kirchlichem Leben kennengelernt, die unsere Vorstellungen von Kirche infrage gestellt haben. Ist es noch Evangelisation, wenn eine junge Christin einfach nur bei Kindern in einem Slumgebiet ist, sie unterrichtet, mit ihnen spielt, sie berät, ohne je den Namen Jesu zu erwähnen? Können wir es unterstützen, wenn in Deutschland immer mehr Menschen zwar Mitglied der evangelischen Kirche sein wollen, jedoch nicht Mitglied einer bestimmten Ortsgemeinde? Kann ein Flashmob ein vollgültiger Gottesdienst sein?

Institutionen wie Kirchen, politische Parteien, Gewerkschaften und Vereine verlieren immer mehr an Ansehen. Vor allem jüngere Menschen sind oft nicht mehr bereit, auf Dauer Mitglied eines Vereins oder einer Gruppe zu werden oder ihre Identität durch die Mitgliedschaft in bestimmten Institutionen zu definieren. Stattdessen organisieren sie sich in immer wechselnden Zusammensetzungen in zeitlich begrenzten Projekten. Solche Gruppen bilden sich und verschwinden wieder, und wer heute hier Mitglied ist, ist es morgen in einer anderen. Wer vor hundert Jahren Christ wurde, trat einer Kirche oder Gemeinde bei und blieb dort, selbst wenn ihm oder ihr nicht alles gefiel, was dort geschah. Wer heute einer Gemeinde beitritt, ist vielleicht schon im nächsten Jahr nicht mehr dabei, weil er das Gefühl hat, dass es ihm nicht genug bringt.

Uns wurde klar, dass wir im Zeitalter institutioneller Instabilität neu über unsere Identität als Kirche Jesu Christi nachdenken müssen. Traditionell wird „Identität" gern als etwas Statisches verstanden. Sie hat „Wurzeln", also Traditionen, und Grenzen, zum Beispiel Glaubensbekenntnisse und/oder bestimmte Verhaltensregeln. Ein solches Verständnis von Identität ist institutionell geprägt: Eine Person gehört entweder dazu oder nicht.

Dieses Denken ist immer noch weit verbreitet. Menschen, die ihre ursprüngliche Kultur oder ihr Geburtsland verlassen mussten, nennen wir „entwurzelt" oder „wurzellos". Aber Menschen sind keine Bäume! Sie haben Beine, mit denen sie sich fortbewegen und Grenzen überschreiten können, und eben keine Wurzeln, die sie an einen bestimmten Ort binden. Darum lohnt es sich, Identität nicht von „Wurzeln", sondern von „Wegen" her zu denken: Ich bin, wer ich bin, nicht aufgrund meines Ursprungs oder der Institution, zu der ich gehöre, sondern aufgrund der Wege, die ich zurückgelegt habe. Meine Identität ist nicht statisch, sondern immer in Entwicklung begriffen. Die Jünger sind diejenigen, die Christus „nachfolgen" – sich also bewegen, von ihm geführt! –, und ein biblisches Bild der Kirche ist das des wandernden Gottesvolkes.

Das bedeutet: Um Christus und unserer Berufung zur Evangelisation treu zu bleiben, müssen wir uns verändern; wir können uns nicht an unseren institutionellen Traditionen festklammern. Es gibt nicht das eine und einzig wahre Modell von Kirche, das wir alle nachahmen müssen, sondern viele verschiedene Möglichkeiten, in unterschiedlichen Kontexten Kirche Jesu Christi zu sein. Aber solange wir Christus nachfolgen, werden wir unsere Identität nicht verlieren.

Woher wissen wir aber dann, ob eine Kirche immer noch Kirche ist? Es gibt keine festen Kriterien, die man wie ein Maßband anlegen könnte, damit man weiß, was geht und was nicht. Wir können nur das, was wir tun, immer wieder mit dem vergleichen, was wir in der Bibel lesen, und dann mit anderen Christen darüber reden – am besten mit solchen, die aus einem ganz anderen Kontext kommen. Vermutlich werden wir uns nicht immer darüber einig sein, was richtig und was falsch ist. Aber wir können trotzdem zusammen Kirche sein!

– CWO

Café

R

BAUT MEHR *Cafédralen!*

KIRCHENCAFÉS IN DEUTSCHLAND

Deutsche trinken gern Kaffee. Cafés sind Orte, an denen Menschen aller Altersgruppen und sozialer Schichten abhängen, entspannen, sich mit Freunden treffen. Sie sind niederschwellig – man hat keine Angst, dort einzutreten.

In Deutschland gibt es heute mehr als hundert Kirchencafés. Drei davon hat unsere Gruppe besucht.

Johanneskirche Düsseldorf

Mitten im Bankenviertel der reichen nordrhein-westfälischen Hauptstadt steht die große, backsteinrote, neo-gotische Johanneskirche. Doch die Tische und Sonnenschirme auf dem Platz davor verraten, dass dies nicht einfach nur ein Gottesdienstgebäude ist. Tritt man durch die weit offene Tür ein, findet man sich in einem durchgestylten Foyer wieder: geweißte Wände mit modernen Gemälden, helle Holzmöbel, eine Glaswand, die den eigentlichen Kirchenraum vom Café abtrennt. Hippe Yuppies verbringen hier ihre Mittagspause, alte Damen ruhen sich bei einem Stück Kuchen vom Einkaufsbummel aus, junge Mütter mit Babys in Kinderwagen klönen über einem Latte Macchiato, und in einer Ecke wärmt sich ein Obdachloser an einem Teller Suppe auf. Jede und jeder ist hier willkommen. Ehrenamtliche Mitarbeitende servieren Essen und Getränke und haben immer Zeit für ein Gespräch.

„Dieses Café erlaubt es den Leuten, einfach mal reinzukommen und zu sehen, was und wer wir sind", sagt Uwe Vetter, Pfarrer an der Johanneskirche. Er nennt seine Kirche eine Kirche „für die, die vorbeikommen, und für religiös Suchende". Die meisten derer, die am Freitagabend zum Evensong im anglikanischen Stil den Kirchenraum füllen, gehen sonst nicht in die Kirche. Immer wieder setzen sich auch Cafébesucher für ein paar Minuten in den stets offenen Kirchenraum, für einen Moment der Ruhe oder eine Atempause. Sie finden dort eine Gebetswand, an der sie Zettel mit Gebetsanliegen hinterlassen können. Beim „Gebet für die Stadt" jeden Donnerstagmittag werden diese Zettel verlesen. In der Johanneskirche gibt es außerdem jeden Abend ein kurzes Abendgebet und am Sonntag einen Morgen- und einen Abendgottesdienst.

Ein reiches Kulturprogramm lockt viele Menschen in die Kirche. Ausstellungen, Konzerte und andere Events ziehen viele an, die nie einen Gottesdienst besuchen würden. Aber unter denen, die mal vorbeikommen, gibt es durchaus einige, die dann wiederkommen und irgendwann auf den christlichen Glauben neugierig werden. Für sie bietet Pfarrer Vetter einführende Bibel-Lese-Kurse an, die an drei oder vier Abenden über drei oder vier Wochen stattfinden und einem bestimmten Thema folgen.

Die Website der Kirche beschreibt klar, worum es hier geht: „Wir bieten kirchenfernen und neugierigen Menschen, die auf der Suche nach eigenen Formen gelebter Spiritualität sind, die Möglichkeit, neue und eigene Erfahrungen zu machen … Interessierte haben hier die Gelegenheit, Formen städtischer Religiosität miteinander zu entwickeln."

Café Komma, Wuppertal

Wuppertal ist eine heruntergekommene Stadt. Im neunzehnten Jahrhundert blühte sie mit der Textilindustrie auf, im späten zwanzigsten Jahrhundert wurde sie durch die Deindustrialisierung hart gebeutelt. Die Arbeitslosenrate ist hoch, und ganze Straßenzüge in der Innenstadt sterben vor sich hin. Mitten in Wuppertal-Barmen, zwischen Ein-Euro-Shops, Dönerbuden und Spielhallen, steht die Gemarker Kirche.

Angebaut an das alte Kirchengebäude ist ein freundlicher, heller Glaspavillon. Schon vor der Öffnungszeit um elf Uhr stehen einige Leute vor der Tür: alte Männer, die ihren einsamen Wohnungen entkommen wollen, und eine Migrantin, die dringend Beratung braucht. „Komma" ist westfälischer Slang und heißt: „Komm her!" Das Café Komma ist ein Ort für Menschen, die Hilfe brauchen. Es gibt gesunde Mahlzeiten zu sehr günstigen Preisen und regelmäßige Beratung zu Problemen von Kindererziehung über Schuldentilgung bis hin zu Sozialhilfe. Eine hauptamtliche Mitarbeiterin ist immer vor Ort, um zuzuhören und zu beraten, wo es nötig ist.

Jeden Mittag um zwölf Uhr wird ein kurzes Mittagsgebet in der kleinen Kapelle neben dem Café angeboten. Daran nehmen meistens jedoch nur wenige Menschen teil. „Die meisten, die hierher kommen, sind keine Christen und am christlichen Glauben auch nicht sehr interessiert", erklärt Renate Görler, die für das Café verantwortlich ist. „Sie kommen hierher, weil sie Gesellschaft oder Rat brauchen oder schlicht, weil unser Essen und der Kaffee hier so billig sind."

Görler und ihr Team von engagierten Mitarbeitenden messen den Erfolg ihrer Arbeit nicht in Bekehrungen. Sie wollen einfach da sein, an einem Ort, wo Liebe und Unterstützung dringend gebraucht werden.

Kirchenzentrum Café CentrO, Oberhausen

Das CentrO in Oberhausen ist Deutschlands größtes Einkaufs- und Erlebniszentrum und bildet zusammen mit unterschiedlichen Freizeitmöglichkeiten, u. a. einem Theater, einem Meerwasseraquarium und einer ungewöhnlichen Ausstellungshalle, dem „Gasometer", die „Neue Mitte Oberhausen". 45.000 bis 130.000 Menschen nutzen dies täglich. Als es Mitte der 1990er gebaut wurde, entschieden die evangelischen und katholischen Kirc hen vor Ort, dass sie Präsenz zeigen wollen. Darum bauten sie auf der „Promenade", der Restaurantmeile des CentrO, ein ökumenisches Kirchenzentrum mit einem Café, einem Laden und einer Kapelle. Dort arbeiten ein katholischer Priester und ein evangelischer Pfarrer mit je einer halben Stelle mit einem Team von Haupt- und Ehrenamtlichen.

„Die Menschen, die auf einen Kaffee und ein Stück Kuchen hierher kommen, sind lediglich zur Hälfte Kirchenmitglieder. Viele Menschen staunen, dass sie in so einem Zentrum eine kirchliche Einrichtung finden", sagt Stefan Züchner, der Pfarrer. „Aber zu uns kommen auch viele kirchliche Gruppen, die etwas über Kirche in der Stadt, Spiritualität und Werbung oder kontextuelle Theologie für die Stadt lernen wollen."

Das Kirchenzentrum bietet als niederschwelliges Angebot Kuchen und Eine-Welt-Kaffee. Seelsorge geschieht mitten im Café durch ein Mitarbeitendenteam, das offen auf die Menschen zugeht. Christliche Impulse, Ausstellungen und ein regelmäßiges Kulturangebot finden im Café statt, ebenso wie eine tägliche Besinnung und ein sonntäglicher Gottesdienst im „Raum der Stille". 100 bis 350 Menschen nutzen dieses Angebot täglich. Für Pfarrer Züchner ist es wichtig, nicht nur im Kirchenzentrum selbst zu wirken, sondern immer wieder Ideen und Kooperationen zu entwickeln, die darüber hinausgehen. Auf diese Weise entwickelte sich u. a. ein experimenteller Gottesdienst im Gasometer, eine Kooperation mit Galeria Kaufhof, dem Kino und mit der Apotheke. Menschen mit schwerwiegenden Problemen kommen hierhin, um Medikamente zu besorgen, suchen aber eigentlich vor allem menschliche Wärme und ein beratendes Gespräch. Die Apothekenangestellten haben nicht die Zeit und sind nun dankbar, dass sie solche Kunden an das Kirchenzentrum verweisen können, wo ein Pfarrer oder eine Mitarbeiterin immer ein offenes Ohr für sie haben.

„Es ist immer noch sehr umstritten, ob die Kirche eigentlich in einem ‚Konsumtempel' präsent sein sollte. Dabei ist es ein unerschöpflicher Ort für Kontakte und Begegnungen mit Kirchendistanzierten", sagt Züchner. „Wir lernen von Jesus, dass wir dahin gehen sollen, wo die Menschen sind, egal, ob wir ihr Verhalten gutheißen oder nicht. Dass wir hier sind, ist ein Zeugnis dafür, dass Gott alle Menschen vorbehaltlos liebt und mit ihnen in Kontakt kommen möchte."

– CWO

Johanneskirche Düsseldorf:
www.johanneskirche.org/

Café Komma, Wuppertal:
www.stiftung-wuppertal.de/wuppertal_ALT/552.htm?01

Kirchenzentrum Centro Oberhausen:
www.kirchenzentrum.de/

Cafés werden in Indonesien auch immer beliebter. Wann gibt es wohl dort das erste Kirchencafé?

JEDER MENSCH HAT ETWAS, WAS IHN ANTREIBT.

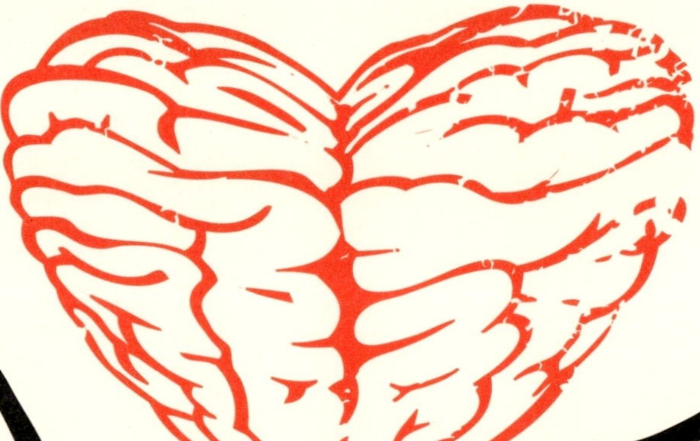

ange glaubten die Sozialwissenschaftler, dass Menschen in der Regel rational entscheiden: Man sieht sich eine bestimmte Situation an, analysiert sie, gewichtet die verschiedenen Optionen und entscheidet dann kopfgesteuert.

Evangelische Predigten übernehmen häufig diesen Denkansatz. Sie erklären einen Bibeltext und wollen zum Nachdenken anregen – sie zielen in ihrer Absicht also auf den Kopf. Evangelisation funktioniert oft ähnlich: Man zählt Argumente auf, die dafür sprechen, Jesus Christus nachzufolgen. So will man erreichen, dass Menschen ihr Leben ändern.

Neue Forschungen haben in den vergangenen Jahren jedoch gezeigt, dass Menschen nicht von kopfgesteuerten Einsichten gelenkt, sondern von Sehnsüchten, Wünschen und Begierden angetrieben werden – und dass diese Sehnsüchte sie zu ziemlich irrationalen Entscheidungen verleiten können. Ein Beispiel: Wenn eine Jugendliche mit wenig Taschengeld monatelang spart, um Sportschuhe einer bestimmten Marke zu kaufen, handelt sie nicht rational. Ein billigerer Schuh würde alle Kriterien erfüllen, die man an einen solchen Gegenstand stellt, und ihr noch Geld für andere Dinge übrig lassen. Aber Markenschuhe sind Objekte der Begierde – der Begierde, Teil einer angesagten Gruppe zu sein, der Begierde, sich besonders zu fühlen.

In ihrem tiefsten Wesenskern werden alle Menschen von Sehnsüchten geprägt und angetrieben – von dem, was sie am tiefsten lieben und unbedingt erreichen oder haben wollen. Nur die Ziele ihres Begehrens sind sehr verschieden. Jede und jeder hat einen Traum oder ein Bild vom guten Leben, eine mehr oder weniger klare Vorstellung dessen, was menschliches Gedeihen ausmacht. Diese Bilder, die wir in unseren Herzen tragen, bestimmen unser alltägliches Leben, unsere Entscheidungen und Gewohnheiten – und nicht rationale Überlegungen.

Doch woher kommen diese Vorstellungen vom guten Leben, und wie werden unsere Handlungen, Haltungen und Gewohnheiten geformt? Das geschieht meistens nicht bewusst. Moralische Imperative allein haben keinen starken Einfluss auf unser Verhalten, genauso wenig wie rationale Reflektion. Sonst hätten amerikanische Teenager, die sexuelle Enthaltsamkeit geschworen haben, nicht die höchsten Schwangerschaftsraten, und Europäer würden nicht für jeden Kurzurlaub ins Flugzeug steigen. Menschen wissen im tiefsten Herzen oft ganz genau, dass ihr Verhalten falsch ist, aber sie machen trotzdem so weiter wie bisher.

Noch einmal: Wie entstehen unsere Träume? Menschen haben Körper, der nicht nur aus einem Gehirn, sondern auch aus Sinnen, Muskeln und Knochen besteht. Was uns antreibt, sind Bilder und Geschichten, nicht abstrakte Wahrheiten. Und diese Bilder und Geschichten hängen eng zusammen mit körperlichen Praktiken, alltäglichen „Liturgien", die wiederum unsere Gewohnheiten und Haltungen prägen.

Bedenken Sie für einen Moment die Bilder, mit denen wir täglich bombardiert werden, wenn wir in einer Großstadt leben: Es sind meistens Werbeplakate, die uns zeigen, wie das gute Leben aussieht – ein bestimmtes Mobiltelefon, das uns mit unseren Freundinnen und Freunden verbindet, Kleidung, die uns attraktiv und sexy macht, Essen und Trinken, die Hunger und Durst stillen, und so weiter. Das Versprechen der Werbung ist, dass wir unseren Traum vom guten Leben mit dem Kauf bestimmter Produkte verwirklichen können. Die Werbung richtet unsere Sehnsüchte auf Konsum aus und prägt unser Handeln entsprechend: Deutsche Jugendliche verbringen im Durchschnitt sechs Stunden pro Woche mit Shoppen, also dem Einkaufen von Dingen, die nicht lebensnotwendig sind. Die Erfahrung zeigt jedoch, dass nichts, was wir kaufen, unseren inneren Hunger auf Dauer stillen kann. Darum kaufen wir immer mehr, ohne je genug zu haben.

Es ist sehr schwer, den Bildern und Gewohnheiten zu widerstehen, die unsere Gesellschaft bestimmen. Die populäre Konsumkultur ist unglaublich verführerisch und attraktiv. Darauf könnten wir reagieren, indem wir uns von der Welt zurückziehen – kein Fernsehen, kein Internet, kein Shopping. Es gibt tatsächlich radikale christliche Gruppen, die sich so verhalten. Andere versuchen, wenigstens einen gewissen Abstand zu halten, und das ist ein anderer Grund, warum evangelische Kirchen oft so wenig mit populärer Kultur zu tun haben wollen. Wenn wir aber eine missionarische Kirche sein wollen, dann müssen wir dort sein, wo die Menschen sind, doch ohne von diesen falschen Träumen und Gewohnheiten „infiziert" zu werden, das heißt, „in" der Welt, aber nicht „von" der Welt sein.

Das funktioniert nur, wenn wir als Christinnen und Christen starke Bilder und Geschichten haben, die uns prägen und leiten und unsere Herzen so beeinflussen, dass unsere Sehnsucht sich auf das Reich Gottes richtet. *– CWO*

AZANIA MORNING GLORY

An diesem Morgen war die Sonne noch nicht ganz aufgegangen, aber der Himmel färbte sich schon gelb und orange. Weil es erst kurz nach fünf Uhr war, waren die Straßen noch still in Dar es Salaam.

Wir kamen zur Azania Front Lutheran Church. Bis zum Parkplatz dröhnten die Loblieder mit den aufregenden Trommelrhythmen. Die Musik zog mich sofort in die Kirche hinein.

Viele Sitzreihen waren schon voll besetzt. Einige Leute standen auf und sangen laut mit. Nach so einer Atmosphäre hatte ich mich lange gesehnt.

Wir fanden noch eine Reihe mit Platz für uns vier. Plötzlich tauchte neben mir eine Frau auf und bat mich, ein wenig mehr in die Mitte zu rücken, weil sie auf meinem Platz sitzen wollte. Kurz danach kam eine weitere Frau und setzte sich auf den Klappstuhl am Ende der Bankreihe. Offensichtlich waren die beiden befreundet. Es wurde ziemlich eng, und ich fragte mich, warum die beiden sich unbedingt auch noch in unsere Reihe quetschen mussten. Dann wurde mir klar: Sie kommen vermutlich jeden Tag und sitzen immer auf demselben Platz, damit sie jemanden finden, eine Partnerin, einen Freund, den sie schon kennen. Ich musste lächeln und verstand. Die Kirche füllte sich schnell, auch die Plätze auf dem Balkon und unter dem Zeltdach vor der Kirche, aber immer noch strömten weitere Menschen herbei.

Unvorstellbar, wie dieser Morgengottesdienst gewachsen war! Vor etwa acht Jahren hatten sie mit ungefähr zehn Leuten begonnen – ein Pfarrer der lutherischen Kirche und einige Mitglieder. Doch heute kommen nicht nur Lutheraner, sondern Mitglieder aus den unterschiedlichsten Kirchen in der ganzen Stadt hierher. Dieser Gottesdienst ist nicht etwa deshalb gewachsen, weil auf großen Reklametafeln für ihn geworben wurde. In den Einkaufszentren und an den Straßenrändern hatte ich solche riesigen Tafeln gesehen, mit denen manche Kirchen auf sich aufmerksam machten, gern mit einem Bild ihres Pastors. Ich weiß nicht, warum sie so werben, aber das soll wohl die Menschen anziehen. Manche dieser Reklamen versprechen sogar Wunder. Nicht, dass ich nicht an Wunder glauben würde, aber ich fände es besser, wenn diese Tafeln nicht so groß wären und nicht die Porträtfotos der Pastoren zeigen würden. Kirchen und Gemeinden gehören doch Gott, oder?

Der „Morgenlob-Gottesdienst" in der Azania Front Lutheran Church wird nicht so beworben. Es gibt keine großen Tafeln oder Plakate an Lichtmasten. Es ist doch ganz einfach: Wenn Menschen irgendwo etwas richtig Leckeres zu essen bekommen, werden sie von diesem „geschmackvollen" Platz reden. Die Qualität des „Morgenlob-Gottesdienstes" reicht aus, sodass die Massen nur aufgrund von Mundpropaganda strömen. Menschen erleben, dass ihr geistlicher Hunger gestillt wird; darum kommen sie auch ohne Einladung, ohne darauf zu achten, wer sonst noch kommt, ohne überhaupt jemanden in der Gemeinde zu kennen. Sie fragen nicht danach, welche Kirche oder Denomination diesen Gottesdienst veranstaltet; ihnen ist egal, ob er im Vergleich zu ihrer Heimatgemeinde ungewöhnlich ist oder nicht; und sie fragen auch nicht, wer denn heute wohl predigt. Diese Fragen sind unwichtig, weil ihre geistlichen Nöte angesprochen werden. Hier bekommen sie jeden Morgen, was sie brauchen, bevor sie zur Arbeit gehen.

Ich fragte mich, wo alle die Menschen herkamen. Aus der Umgebung der Kirche? Die Azania Front Lutheran Church liegt mitten in einem Geschäftsviertel, aber die Menschen, die morgens dort zum Gottesdienst gehen, leben gar nicht in der Nähe. Sie arbeiten im Stadtzentrum, wohnen aber in den Vororten, und sie fahren früh in die Stadt, um die Verkehrsstaus zu meiden. Arbeiter, Geschäftsleute, Studierende, sogar Anwälte kommen frühmorgens, um Gott zu loben und gemeinsam „geistlich zu frühstücken". Man sieht die Statusunterschiede an der Kleidung und an den Transportmitteln: Manche kommen zu Fuß, andere parken ihre Luxuslimousine vor der Tür. Doch diese Unterschiede spielen im Gottesdienst keine Rolle. Es ist eine vereinte, bunte Gemeinde – und sogar Nichtchristen sind dabei. Aus den zehn, mit denen es anfing, sind viele Hunderte geworden.

Mir fiel auf, dass sehr genau auf die Zeit geachtet wurde, damit der Gottesdienst wirklich um sieben Uhr zu Ende war und alle pünktlich zur Arbeit oder zur Universität kommen konnten. Immer wieder sah sich der Liturg nach der großen Uhr um, die neben dem Altar hing, um sicherzugehen, dass der Gottesdienst nicht zu lang dauerte.

Die Predigt an diesem Morgen war schon ziemlich anders, als ich es gewohnt bin. Eine junge Frau sprach begeistert über „Erlösung". Sie erzählte von Dämonen am Arbeitsplatz und wie man sie loswird. An den Gesichtern der Gottesdienstbesucher konnte man sehen, dass dieses Thema allen wichtig war – die Leute reagierten enthusiastisch.

Der „Morgenlob-Gottesdienst" wird von montags bis freitags jeden Morgen um sechs Uhr gehalten. Jede Woche steht unter einem Thema. Die Predigten halten Menschen mit verschiedenen kirchlichen Hintergründen, jede und jeder in ihrem eigenen Stil und aus ihrer eigenen Perspektive. Das stört niemanden. Die Hauptsache ist, dass Menschen sich durch diese ganz unterschiedlichen Predigten gestärkt fühlen.

Manchmal denke ich, dass wir uns selbst und unsere Kirchen in Schubladen stecken und dabei viel zu stolz auf unsere eigene Denomination sind. Wir sagen dann: „O, das ist zu charismatisch, o, das ist zu lutherisch, … o, zu viel davon, o, zu viel von etwas anderem." Vielleicht können wir dann Gottes Stimme gar nicht mehr deutlich hören, weil wir viel zu rechthaberisch sind.

Die Azania Front Lutheran Church hat ihre Türen weit für alle diese Menschen geöffnet, ohne einen Gedanken daran zu verschwenden, diese „Schafe" von anderen Gemeinden wegzustehlen. Der Gottesdienst wird von einer lutherischen Kirche veranstaltet, aber man will die Gottesdienstbesucher aus anderen Kirchen nicht dazu veranlassen, zur lutherischen Kirche überzutreten. Im Gegenteil: Sie werden aufgefordert, sich in ihren Herkunftsgemeinden zu engagieren. Man ermutigt sie, sonntags zum Gottesdienst in ihrer eigenen Kirche zu gehen. Auf diese Weise kann der Geist des „Morgenlob-Gottesdienstes" die Atmosphäre in Ortsgemeinden überall in Dar es Salaam beeinflussen.

Ich fragte, ob dies einfach nur ein Gottesdienst sei, und erfuhr, dass der Gemeinschaftsaspekt natürlich auch wichtig sei. Viele Gottesdienstbesucher treffen sich samstags zu einem gemeinsamen Frühstück, um sich gegenseitig besser kennenzulernen. Das kann sogar ganz praktisch von Nutzen sein: Wenn zum Beispiel ein Geschäftsmann jemanden einstellen will, kann er hier Leute treffen, die gerade ihre Ausbildung abgeschlossen haben. Außerdem gibt es ein Seelsorgeangebot für diejenigen, die Hilfe benötigen. Das Leitungsteam kümmert sich auch um diejenigen, die zum Gottesdienst kommen, aber noch nicht Mitglied einer Gemeinde sind.

Die Kirche, zu der ich gehöre, veranstaltete auch einmal einen solchen Morgengottesdienst. Doch es gab ihn nur für kurze Zeit, denn außer unserem Pastor kamen nur noch zwei weitere Teilnehmer. Darum frage ich mich: Was stimmt nicht bei uns? Geht es um die Verbindlichkeit? Liegt es am Gottesdienst? An der Kultur? Oder woran? *– ES*

Wer entscheidet eigentlich, wann Gottesdienst gefeiert wird? In Deutschland beginnen die Sonntagsgottesdienste meistens um zehn Uhr. Der Spätnachmittag oder Abend wäre jedoch eine viel bessere Zeit, gerade für junge Leute.

Wie kann unsere Kirche die Berufstätigen erreichen und ihre Bedürfnisse ernst nehmen?

Wer setzt die Themen in unseren Gottesdiensten? „Dämonen am Arbeitsplatz" war vermutlich kein Thema, was einer der Pastoren ausgewählt hätte, aber es war für die Menschen in der Kirche ganz offensichtlich wichtig.

EVANGELISATION FUNKTIONIERT BESSER

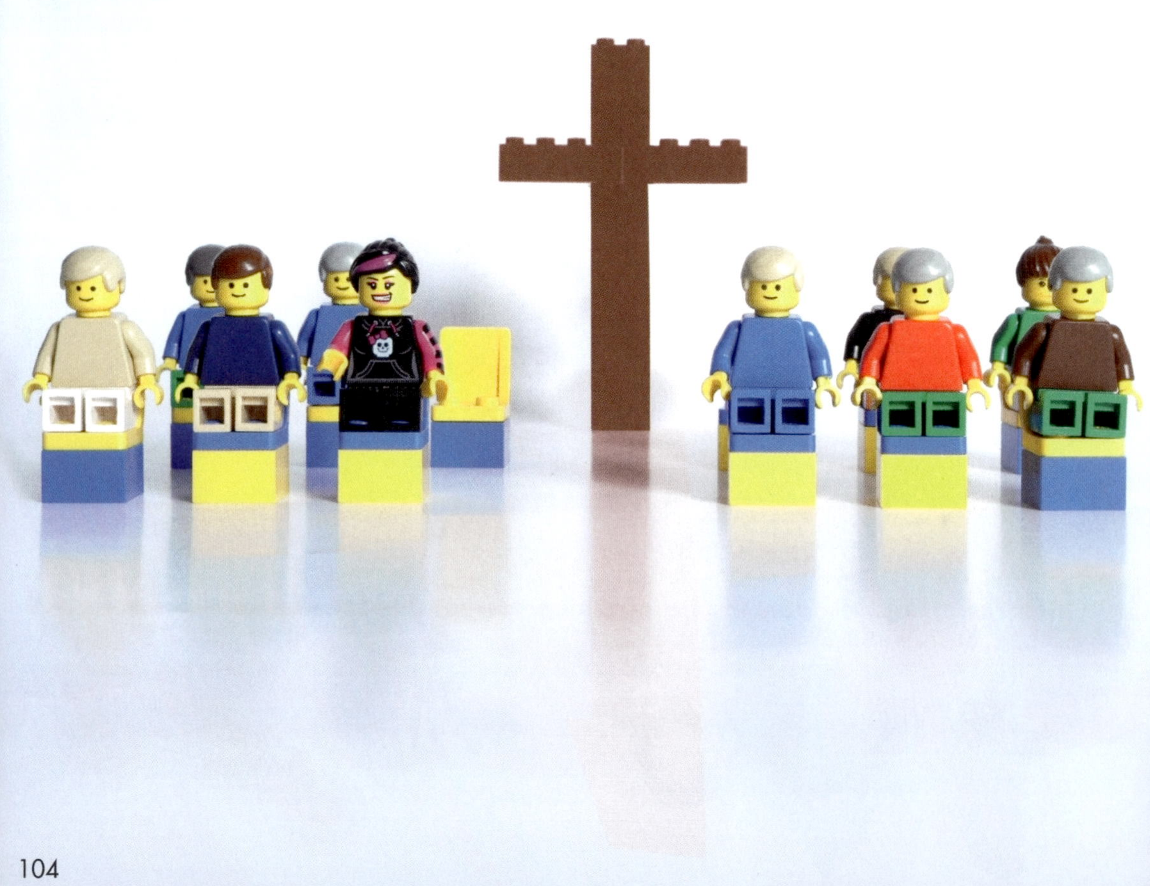

VON DEN RÄNDERN DER KIRCHE.

B

BIBELARBEIT

APOSTELGESCHICHTE. 11,19–26*

Mut macher

Er hatte mal einen Allerweltsnamen: Joseph. Aber die, die ihn kennen, nennen ihn jetzt Barnabas, „Mutmacher".

Man muss die Apostelgeschichte ziemlich genau lesen, um mehr über ihn herauszufinden. Er ist keiner, der vorne steht und predigt und die Aufmerksamkeit auf sich zieht. Aber wenn Mut für ungewöhnliche Entscheidungen gebraucht wird, ist er da und ermutigt auch andere.

Das erste Mal geschieht es nach der Bekehrung des Paulus. Da kommt der gefürchtete Verfolger angeblich geläutert nach Jerusalem zurück und will ein Jünger Jesu geworden sein. Die Christen dort glauben ihm kein Wort. Sie haben ihre Erfahrungen mit ihm gemacht und sie haben Angst vor ihm.
Nur Barnabas nicht. Der Mutmacher glaubt, dass Menschen sich tatsächlich verändern können. Er hört noch die unglaublichsten Geschichten nicht mit Zweifel, sondern mit Vertrauen an.

Barnabas setzt darauf, dass Paulus die Wahrheit sagt. Er riskiert es, ihn in die Gemeinde zu bringen. Er setzt sich für Paulus ein. Und so lernen auch die anderen, Paulus zu vertrauen.

(Ich versuche manchmal, mir vorzustellen, wie die Kirchengeschichte wohl verlaufen wäre, wenn Paulus damals nicht aufgenommen worden wäre. Ob sich die Botschaft von Jesus dann wohl so weltweit ausgebreitet hätte?)

Einige Zeit später erreichen Nachrichten aus Antiochia Jerusalem. Flüchtlinge haben dort eine neue Gemeinde gegründet. Unter ihnen sind auch Zyprioten und Leute aus Nordafrika. Sie erzählen allen in der Stadt von Jesus, nicht nur den Juden. Und viele nichtjüdische Bewohner hören ihnen zu und schließen sich der Gemeinde an.

Das beunruhigt die Jerusalemer Christen, denn sie sind ja alle jüdischer Herkunft. Was machen diese Ausländer da eigentlich? Und sind das in dieser neuen Gemeinde überhaupt richtige Christen?

Sie schicken Barnabas nach Antiochia, um nach dem Rechten zu sehen. Ihm vertrauen sie, seiner Einschätzung von Menschen und seinem Verständnis für schwierige Situationen.

Barnabas schaut sich um und hört zu. Er entdeckt Gott am Werk und freut sich darüber. Er muss nicht korrigieren oder irgendwelche Defizite ausgleichen. Er macht den Antiochenern einfach Mut, weiter Jesus nachzufolgen.

Barnabas glaubt an Gott, und er glaubt an Menschen. In jeder Situation sucht er nach Spuren von Gottes Handeln und findet sie. Darum kann er denen vertrauen, denen andere misstrauen.

Er lässt aber nicht einfach alles laufen. Vertrauen heißt nicht: Es ist alles egal. Darum holt Barnabas Paulus aus Tarsus. Gemeinsam bleiben sie ein ganzes Jahr dort, um diese neue und etwas seltsame Gemeinde zu unterrichten. Die erste, die den Namen „christlich" bekommt.

Barnabas – Mutmacher. So einen braucht es oder so eine. Immer. *– CWO*

- Gibt es Entwicklungen in Ihrer Kirche, die man mit denen in Antiochia vergleichen könnte? Wie geht es Ihnen damit? Was macht Ihnen Sorgen?
- Wenn Sie sich Sorgen über diese Entwicklungen machen: Können Sie nach Gottes Geist darin Ausschau halten, auch in den Menschen, denen Sie misstrauen? Bitten Sie den Heiligen Geist, Ihre Augen dafür zu öffnen.
- Fühlen Sie sich dazu berufen, für jemand anderes zum „Barnabas" zu werden?

---

* für zusätzliche Informationen siehe Apostelgeschichte 4,36–37; 9,26–28; 13,1–3; 15,35–39

LITURGIEN FÜR DEN

Wie können Christen in der Konsumkultur präsent sein, ohne selbst zu Konsumenten zu werden? Und wie können Menschen damit beginnen, nicht nur Religion zu konsumieren, sondern Jesus Christus nachzufolgen und ihr Leben zu ändern? Die theologische Antwort ist: Das geht gar nicht, außer der Heilige Geist hilft ihnen dazu.

Es gibt jedoch auch eine praktische Antwort. Sozialwissenschaftler wissen, dass menschliches Verhalten durch alltägliche „Liturgien" geprägt wird, durch das, was Menschen tun, bis es zur Gewohnheit wird, zum eingeschliffenen Verhalten. Wenn Ihre Eltern mit Ihnen regelmäßig die Zähne geputzt haben, als Sie noch ein kleines Kind waren, dann ist Zähneputzen vermutlich heute zu Ihrer Gewohnheit geworden, sodass Sie sich nicht wohlfühlen, wenn Sie sich nicht regelmäßig die Zähne putzen können.

Populäre Kultur ist weitgehend eine Konsumkultur, und ihre „Liturgien" erziehen Menschen zu Konsumenten. Technische Möglichkeiten machen es heute zum Beispiel sehr leicht, fertige Musik zu hören, sodass immer weniger Menschen selbst Musik machen. Das hat auch Einfluss auf unseren Glauben: Christen werden schnell zu Konsumenten von Religion, sie suchen wie beim Shoppen nach der nettesten Gemeinde mit der coolsten Musik und dem interessantesten Prediger, anstatt Jesus Christus nachzufolgen.

Gleichzeitig müssen wir aber verstehen, dass diese religiöse Konsumhaltung auch der Ausdruck eines inneren Hungers und einer ungestillten Sehnsucht ist: Menschen suchen nach Liturgien, die ihren Durst nach lebendiger Gotteserfahrung stillen, nach Liturgien, die sie stärken, damit sie im Alltag Christus nachfolgen können.

Das ultimative Ziel und die tiefste Wurzel unserer Liebe ist Gott, und in Gottes Reich wird das wahrhaft gute Leben einmal zur Realität werden. Daran glauben wir. Doch die Liturgien in unseren evangelischen Kirchen sind oft zu fade und trocken, um die Sehnsucht nach Gottes Reich zu wecken. Unsere Gottesdienste sind voller Worte, die sich an unseren Verstand richten (Predigt, Ankündigungen), aber es gibt wenig für den Körper (Singen, Tanzen, Knien, Stehen, Handauflegung zum Segen), und unsere Herzen werden nur selten angesprochen („Dir ist vergeben"; „Gott segne dich"). Sogar unsere Gebete können zu indirekten moralischen Aufforderungen werden („Herr, mache uns zu Friedensstiftern").

Bei unseren Besuchen in den verschiedensten Kirchen sahen wir, dass vor allem junge Leute nach Liturgien suchen, die eine spürbare Auswirkung auf ihr Leben haben. So trafen wir zum Beispiel in Tansania viele Jugendliche, die sich wünschen, dass ihre Gemeinde einen täglichen Gottesdienst am frühen Morgen mit viel Zeit für Anbetung und Gebet anbietet, damit ihr Tag gleich zu Anfang von einer intensiven Gottesbegegnung geprägt wird.

In der protestantischen Tradition sind wir immer so wortorientiert gewesen, dass wir übersehen haben, dass es Jesus nicht nur um den Kopf, sondern auch um das Herz und den Körper der Menschen ging. Wenn Menschen Jesus Christus nachfolgen und in der populären Kultur nach den Werten des Reiches Gottes (Liebe, Erbarmen, Vergebung) leben wollen, dann müssen sie Gewohnheiten entwickeln, die ihnen dabei helfen. Das geht nicht allein, man braucht Gruppen von Menschen, Gemeinden, die sich gemeinsam auf diesen Weg machen. Unsere Arbeitsgruppe ist sich sicher: Wenn Kirchen wirklich die Menschen in der populären Kultur erreichen wollen, müssen sie neue, starke Liturgien entwickeln, die Seelen füttern und Leben prägen und die vielleicht ganz anders aussehen als das, was wir bisher kennen.

Das bedeutet nicht, die Traditionen zu vergessen und einfach alles Alte über Bord zu werfen! Im Gegenteil: Als wir anfingen, mit neuen Liturgien zu experimentieren, haben wir schätzen gelernt, was unsere Vorfahren gelebt und gelehrt haben. Doch wir können nicht um der Tradition willen an Traditionen festhalten, die nicht mehr länger die Kraft haben, die Gewohnheiten von Menschen so zu verändern und zu prägen, dass sie ihr Leben auf das Reich Gottes und die Liebe Jesu Christi ausrichten. *– CWO*

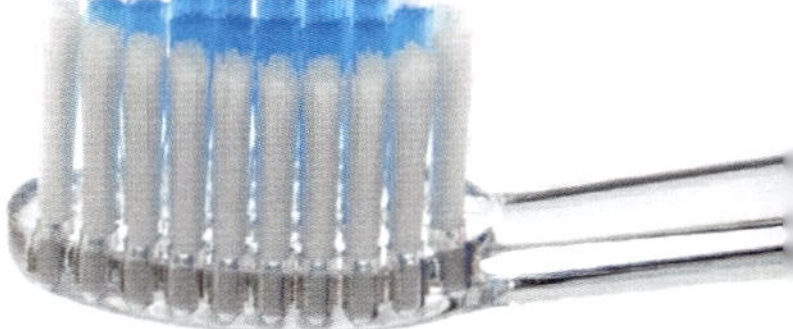

ZEIT DES MEISTERS

Mitten in der Fußgängerzone sieht mich das große offene Portal einer Kirche an. Ich trete ein und finde mich in einer anderen Welt wieder. Es ist still. Dunkler als draußen, aber bunte Fenster und eine Menge Kerzen schaffen ein besonderes Licht. Ich höre leise Musik, nehme einen besonderen Duft wahr. In den Bänken sitzen einzelne Menschen und beten oder lesen. Einige knien auf Gebetsbänkchen. Andere bewegen sich langsam durch den Raum. Was kann man hier erleben, frage ich mich, und entdecke in den nächsten Minuten den Raum. Der Ton einer Klangschale unterbricht mich, und ich fühle mich gerufen.

„Zeit des Meisters" – dieser Titel ist mir vor der Kirche aufgefallen und begegnet mir drinnen auf Flyern und Textheften, die in den Bänken liegen. Ich öffne eins und verfolge mit, wie ein Gebet gesprochen wird.

„Zeit des Meisters" ist ein Angebot für spirituell Kreative, Suchende, religiös Interessierte, für Belesene und weit Gereiste. Sie sollen sich in einer Kirche wiederfinden können, in einem offenen sakralen Raum mitten in der Stadt, mitten im Leben (oder auch: auffindbar am Rand der Stadt). Eine Kirche, eine Kapelle, die ein Dach für die Seele bietet. Ein Erfahrungsraum für Gebet, Meditation und Stille. Ein Ort, der eine Insel der Ruhe ist. Hier ist Gelegenheit, innezuhalten, nach innen zu sehen, Heiligem nachzuspüren. Und das in einer Industriestadt, einem Ort für Touristen, einem Szenestadtteil in der Hauptstadt.

Von neun Uhr bis zwanzig Uhr (während der Ladenöffnungszeiten) gibt es je zur vollen Stunde ein Gebetsangebot in Anlehnung an die Tradition klösterlicher Stundengebete (zum Beispiel ein Morgengebet, ein Schöpfungs-, ein Friedensgebet; das Gebet der Zweifel, ein Atemgebet; eine Meditation zum Inneren Heiligen Raum, das Gebet mit den Perlen des Glaubens und am Schluss des Tages das Gebet für die Familie Mensch). Der Gedanke der Achtsamkeit ist bedeutend, ebenso wie das bewusste Atmen und die Idee von Verwobenheit. Die Mitarbeitenden haben entschieden: „Wir erklären nicht. Wir schaffen einen Raum für Erfahrung. Wir feiern ein Geheimnis."

Jeweils zur vollen Stunde läutet der Ton der Klangschale das nächste Gebet ein und hilft dabei, still zu werden, dem leiser werdenden Ton nachzuhören und dabei selbst zur Ruhe zu kommen. Die Sprecherin oder der Sprecher (Teilnehmende aus dem Team), verneigt sich kurz zur Begrüßung. Texthefte liegen in den Bänken und auf den Plätzen vor den Kniebänkchen und Yogamatten, so können die Gebete, wenn gewünscht, mitgesprochen und mitverfolgt werden.

In der folgenden zehn- bis fünfzehnminütigen Gebetszeit gibt es verschiedene Impulse: Texte aus der Mystik, Liedzeilen von Jochen Klepper, Gebete und Impulse aus verschiedenen Traditionen: aus dem Judentum, dem Christentum, dem Buddhismus, dem Sufismus; Texte von Dietrich Bonhoeffer, Martin Buber, Jalal ad-Din Rumi, Thich Nhat Han; Texte aus der Bibel. Dann ist Zeit zum Schweigen und bewusstem Atmen. Es werden Lieder aus Taizé gesungen, gemeinsam Texte gesprochen. Im Mittagsgebet heißt es zum Beispiel:

Ich bin auf der Suche nach der Mitte.
Ich möchte ins Zentrum des Ganzen finden.
Ich mache mich auf die Reise nach innen.
Ich würde gerne Zusammenhänge verstehen,
die Einseitigkeit hinter mir lassen,
die Lebenskunst der Balance lernen.
Meine Sehnsucht zieht mich.
Dabei vertraue ich mich Gott an.
Ich öffne mich für Eindrücke
aus der Anderswelt.

Ich wünsche mir die Haltung
der Aufmerksamkeit.
In der Mitte des Tages
mache ich mich auf die Suche
nach der Mitte meines Lebens.

„Zeit des Meisters" wird von einem „Kloster auf Zeit-Team" begleitet, von einer Gruppe Ehrenamtlicher, Menschen aus der Gemeinde oder von deren Rand, die ihrer eigenen Suche nachgehen wollen. Sie nehmen für eine Woche oder einige Tage Urlaub oder richten ihren Alltag für diese Zeit so ein, dass sie zum Beispiel täglich nach der Arbeit in die Kirche kommen. Die Team-Mitglieder nutzen diese Zeit für sich selbst, gleichzeitig trägt ihre Anwesenheit, ihre Beteiligung beim Sprechen der Texte und beim Singen zur Stimmung in der Kirche bei und bietet den Gästen Orientierung.

In einer Woche kann viel passieren. Menschen kommen zufällig oder verabredet über den ganzen Tag verteilt. Menschen, die neugierig sind, angelockt durch die Presse oder durch das große Banner außen an der Kirche, eingeladen von Freundinnen und Freunden; sie kommen einmalig vorbei oder sie kommen wieder. Was sie lockt: In der eigenen Stadt ein Kloster erleben. Mit großer Freiheit ausprobieren, welche Elemente des Glaubens sie erfüllen. Beteiligt zu sein ohne Zwang. Kommen und gehen zu dürfen. Worte zu entdecken, Gesten und Bilder, die sie inspirieren.

Es duftet nach Räucherstäbchen. Die Musik im Hintergrund ist eine Mischung aus Gregorianik, Gesängen aus Taizé, Händel, Zen-Connection, Sting und Seal. Man kann sitzen, schweigen, durch die Kirche gehen, Bilder ansehen, auf dem großen Büchertisch stöbern, ein Buch mit auf einen Platz nehmen, lesen, im Gästebuch blättern, eine Kerze anzünden oder, nach dem Vorbild eines der Team-Mitglieder, ein Kniebänkchen ausprobieren oder eine Yoga-Matte.

Im Gästebuch kann man lesen:
„Eine Oase der Stille mitten im Lärm der Stadt."
„Danke, ich brauchte einen Raum zum Weinen."
„So gelingt mir der Wiedereintritt
in den Glauben."

Ganz praktisch: Eine Woche, das sind 91 Stundengebete. Etwa 840 Teelichte. 40 Räucherstäbchen. 30 Päckchen Taschentücher. Viele frische Blumen.

Wir haben erlebt: dass Weite uns öffnet. Dass die Kirche ein Dach für die Seele bieten kann. Dass viele weinen. Dass viele dankbar sind, die eigenen mystischen Wurzeln wiederzuentdecken. Dass die Anknüpfungspunkte aus verschiedenen Traditionen wie offene Fenster wirken. Dass aus pilgernden Einzelseelen eine singende, betende, schweigende, hoffende Gemeinschaft wird. – *CB*

Kann man mit Worten aus anderen Religionen beten?

ERLEUCHTUNG BRAUCHT EIN GEGENGEWICHT: DIE VERZWEIFLUNG IN DEN TÄLERN DES ALLTAGS.

KOLOSSER 1,15–20

CHRISTUS VERSÖHNT

ER IST DAS EBENBILD
DES UNSICHTBAREN GOTTES.

Er heißt Jesus. Gott rettet.
Jesus von Nazaret.

Der Ort ist auf der Landkarte zu finden.
Seine Geschichte wirkliches Geschehen.

ER IST DAS EBENBILD
DES UNSICHTBAREN GOTTES,
DER ERSTGEBORENE VOR
ALLER SCHÖPFUNG.

Der Mensch, der den unsichtbaren Gott zeigt.
Gott ein Gesicht gab.
Wie wir alle Ebenbild des Schöpfers.
Doch in besonderer Weise Kind, der Sohn,
der Erstgeborene.
Der uns einzigartig Gott zeigt.
Sein Wesen. Sein Wollen.

DENN IN IHM IST ALLES
IM HIMMEL UND AUF DER ERDE
GESCHAFFEN WORDEN,
DAS SICHTBARE
UND AUCH DAS UNSICHTBARE,
THRONE UND HERRSCHAFTEN,
MÄCHTE UND GEWALTEN.

Allumfassender Herr des Alls.
Weltumfassender Herr des Kosmos.
Herr über alle Herren.
Kriegsherren, Hausherren, Dienstherren.
Wort in allen Sprachen.
Meister in allen Kulturen.
Messias, der Gesalbte, dem wir gehören.

ER IST VOR ALLEM,
UND ALLES HAT IN IHM BESTAND.
UND ER IST DAS HAUPT
DER GANZEN HIMMLISCHEN
VERSAMMLUNG.

Herr der weltweiten Kirche und Herzen.
In Israel, Kanaan, Palästina.
Europa. Afrika. Asien.
In Nord- und Südamerika,
der Arktis und Australien.
Herr über alle Inseln und das Meer.

ER IST DER ANFANG,
DER ERSTGEBORENE AUS DEN TOTEN,
DAMIT ER IN ALLEM VORAUSGEHE.

Er ist der Erste.
Vorläufig.
Und wir folgen ihm nach.
Seinem Weg. Seinem Beispiel.
Durch seinen Tod –
in Ewigkeit zum Leben mit ihm.
Er ist der Erbe.
Und vererbt sein Heil an alle.

DENN ES HAT DER FÜLLE
GOTTES WOHLGEFALLEN,
GANZ IN IHM ZU WOHNEN,
DAMIT ALLES DURCH IHN
VERSÖHNT WÜRDE
MIT GOTT, INDEM ER FRIEDEN MACHTE
AUF ERDEN WIE IM HIMMEL,
DURCH DAS BLUT AN SEINEM KREUZ.

Er hat den Menschen angenommen.
Seinen Körper, sein Herz, unser Leben.
Er hat den Tod angenommen.
Und was er so annahm, hat er versöhnt.
Er ist Jesus.
Fürstlicher Friede.
Auf Erden wie im Himmel.
Über alles.

– CB

THEOLOGISCHER GRUNDGEDANKE 9

DEN EIGENEN WEG ZU JESUS FINDEN

Was ist unser Ziel, wenn wir Menschen evangelisieren? Oft, und manchmal ganz unbewusst, hoffen wir, dass diejenigen, die sich entscheiden, Jesus Christus nachzufolgen, so werden wie wir: dass sie unsere moralischen Standards übernehmen, dass sie am Sonntagmorgen in unseren Gottesdienst kommen, dass sie sich so anziehen wie wir, unsere Lieder singen, unsere (fromme) Sprache sprechen lernen.

In Tansania hörten wir von einem Rastafari, der Christ wurde und in einem Kirchenchor mitsingen wollte. Den Kantor und die anderen Sänger und Sängerinnen entsetzte die Vorstellung, dass jemand mit Dreadlocks vorne in der Kirche stehen würde. Sie wollten ihn nicht wegen seiner Frisur ausschließen, aber sie machten ihm doch freundlich Druck und waren alle sehr erleichtert, als er sich das Haar abschneiden ließ.

Wer neu in unsere Kirche oder Gruppe kommt, soll so werden wie wir – oder doch nicht? Diese Frage stellte sich schon den allerersten Christen. Die erste Gemeinde bestand nämlich aus Juden, die beschnitten waren. Als die ersten (unbeschnittenen) Griechen Christen wurden, meinten einige, dass sie auch beschnitten werden müssten: „Doch dann kamen einige Leute aus Judäa nach Antiochia und forderten die Männer der Gemeinde auf, sich beschneiden zu lassen, wie es im Gesetz des Mose vorgeschrieben ist. ‚Wenn ihr euch nicht beschneiden lasst', lehrten sie, ‚könnt ihr nicht gerettet werden'" (Apostelgeschichte 15,1). Paulus und Barnabas waren damit überhaupt nicht einverstanden; darum traf sich schließlich in Jerusalem ein Konzil der Apostel, um diese Frage zu klären. Sie entschieden, dass es für Christen nicht nötig sei, sich beschneiden zu lassen (siehe Apostelgeschichte 15,23–29).

Für uns ist es ganz wichtig, dass Evangelisation so ergebnisoffen ist: Diejenigen, die Christen werden, haben die Freiheit, ihren eigenen Weg der Nachfolge Jesu Christi zu finden, auch wenn dieser Weg ganz anders aussieht als unser eigener. Das bedeutet nicht, dass alles geht – schließlich gibt die Nachfolge dem Leben eine klare Ausrichtung.

Doch als Kirchen und Gemeinden müssen wir uns bewusst machen, dass wir unausgesprochene Erwartungen und Annahmen haben, wie neue Christinnen und Christen sich verändern sollen – und wir müssen alle Erwartungen loslassen, dass aus neuen Nachfolgern Jesu unsere Kopien werden. Das ist nicht einfach. Vielleicht erkennen wir dann aber, dass bestimmte neue Christinnen und Christen sich in unserer Gemeinde niemals zu Hause fühlen werden, und helfen ihnen, eine andere Gemeinde zu finden oder selbst eine zu gründen, in der sie Christus innerhalb ihrer kulturellen Muster nachfolgen können. Oder wir verändern uns selbst so, dass sich Neubekehrte in unserer Gemeinde willkommen fühlen.

Es hilft, uns selbst immer wieder daran zu erinnern, dass Evangelisation darauf abzielt, dass Menschen Christus nachfolgen, und nicht, dass sie unsere Version von Christentum kopieren. – *CWO*

WEITBLICK, SERVIERT MIT EINER TASSE MILCHKAFFEE

Tansania in Afrika, der Stadtteil Msasani in Dar es Salaam. Vom Dach des siebenstöckigen Hauses aus kann man bis zum Meer sehen. Noch befindet sich das Gebäude im Rohbau, aber schon jetzt ist klar: Hier oben auf der Terrasse wird ein Café entstehen. Es soll Kaffee angeboten werden, eine kleine Mittagskarte, ein Abendmenü geben für Leute, die in diesem eher wohlhabenden Wohnviertel arbeiten, für die Nachbarschaft und für Touristen. Bauherr ist die Gemeinde von nebenan.

Warum baut eine Gemeinde ein Hochhaus? Hat sie zu viel Geld? Nein, sie braucht dringend Geld! Für ihr soziales Engagement, die Arbeit mit HIV-Positiven, ein Trinkwasserprojekt, Gesundheitsberatung, eine Suppenküche, Schulprojekte. Für Evangelisierung, Gästegottesdienste, Straßeneinsätze und Einladeaktionen. Für Arbeitsbeschaffungsmaßnahmen für Jugendliche, die Tischler, Klempner, Malermeister werden wollen. Für den Kindergarten. Insgesamt: um finanziell unabhängig zu sein. Um laufende Projekte unterhalten und in Zukunft noch weitere Ideen realisieren zu können. Um reagieren zu können, wenn Not ist. Um Menschen ein Zuhause zu bieten. Faszinierend!

Wir steigen vom Dach hinunter. In der sechsten und fünften Etage entstehen Hotelzimmer und kleine Appartements. In der vierten Etage sind Büroräume. In der dritten und zweiten ist Platz für Ladenlokale. Vor allem der Shopping-Bereich wird viele Leute anziehen. Einer der Ältesten erklärt uns: „Was wir tun, weckt großes Interesse in der Umgebung. Wir merken, unsere Idee ist überzeugend.“ Obwohl zurzeit nur der blanke Beton zu sehen ist, Eisenstangen und Kabel, kann man die Geschäfte, Kundinnen und Kunden schon erahnen ...Die erste Etage schließlich ist als große Halle konzipiert. Sie kann für kulturelle Veranstaltungen angemietet werden, die Gemeinde möchte sie aber auch selbst nutzen, für besondere Gottesdienste, Konzerte, Gebetsfrühstück, Evangelisationsabende.

Zurück von der Baustelle (und bei leckerem Essen) stellen wir unsere Fragen: „Ist Eure Gemeinde reich?“ Man erklärt uns: „Nein. Die Gemeinde befindet sich zwar in diesem eher reichen Viertel, ist selbst aber nicht reich. Unser Vermögen sind 1500 aktive Mitglieder, die die Vision mittragen.“

„Woher kam das Startkapital?“ Es ist schnell gesagt: „Eigene Spenden der Gemeindemitglieder und die Unterstützung der Partnergemeinde in Minnesota legten den Sockel, die Banken glaubten an die Vision der Gemeinde und gaben Kredit.“

„Und wer organisiert das Ganze?“ Eine der Ältesten erläutert: „Ein Team aus Ehrenamtlichen und extra für diese Arbeit angestellten Hauptamtlichen. Sie organisieren, planen, verwalten. Der Pastor soll weiter seine Aufgabe als Prediger und Seelsorger wahrnehmen können. Und auch das Engagement für die anderen Projekte soll nicht leiden unter diesem großen ‚Projekt, das Einkommen bringt'.“

„Wer hatte die Idee?“ Unsere Gastgeber lachen. Dann erklärt der Pastor: „Wir können uns nicht erinnern, wer die ursprüngliche Idee hatte. Und das empfinden wir als Glück. So kann nicht eine Person verantwortlich gemacht werden – weder für das Gelingen noch für etwaigen Misserfolg.“

„Was glaubt ihr, wird passieren?“ Dies Mal antwortet Doktor Mwakilasa, eigentlich Arzt, ein Gesundheitsfachmann, aber ehrenamtlich stark in das Projekt involviert: „Wenn wir Erfolg haben, dann werden wir zum Vorbild, zur Inspiration für viele. Man wird uns die ersten Träumenden nennen!“ Und dann zwinkert er uns zu und meint: „Ihr seid herzlich eingeladen, nächstes Jahr einen Milchkaffee mit mir zu trinken. Oben im siebten Stock, im Café auf der Dachterrasse.“ *– CB*

So viele Kirche im globalen Süden sind abhängig von ausländischem Geld. Aber hier kann man sehen, wie eine Kirche dadurch unabhängig wird, dass sie eine Firma gründet.

Braucht Ihre Kirche Geld? Woher kommt es? Wofür wollen Sie es ausgeben?

SEI ERKENNBAR, NICHT BELIEBIG.
ABER FREU DICH AN DER

Vielfalt.

GEBET FÜR EINEN NEUANFANG

Gott des allerersten Anfangs –
Danke für alles, was da ist
für alles, was vorbereitet wurde
für alles, was lebendig ist
in mir und um mich herum
und mich lockt in deine Welt

Licht der Welt –
Bitte, geh an meiner Seite in das neue Land
auf dem Weg, der mit dem nächsten Schritt beginnt
und lass mich Spuren der Auferweckung entdecken

Heilige Geistkraft –
Gib mir, was ich brauche
damit ich mutig losgehe
fröhlich unterwegs bleibe
mit anderen teile
und erfüllt ankomme

Amen

– CB

Bildnachweis

Seite 4: istockphoto.com/GYI NSEA, istockphoto.com/stw_15, VEM/Sonja Wessels, VEM/Werner Blauth; Seite 5: istockphoto.com/Lilyana Vynogradova, gettyimages.de/Sia Kambou; Seite 6: istockphoto.com/Dan Moore, istockphoto.com/Cristian Baitg; Seite 7: VEM/Endri Sulaksono, istockphoto.com/Erik Khalitov, istockphoto.com/Joshua Caldwell, istockphoto.com/Nancy Nehring, istockphoto.com/Lya Cattel; Seite 8: VEM/Carolin Blöcher, istockphoto.com/Frank van den Bergh, VEM/Heidie Koch, istockphoto.com/pg-images, istockphoto.com/Wilson Valentin; Seite 9: istockphoto.com/Joel Carillet, istockphoto.com/winhorse, Thomas Joussen, istockphoto.com/Ladislav Pavliha; Seite 10: VEM/Reinhard Elbracht, Thomas Joussen, VEM/Reinhard Elbracht, istockphoto.com/Alan Tobey; Seite 11: Thomas Joussen, Thomas Joussen, VEM/Reinhard Elbracht, Thomas Joussen, istockphoto.com/narvikk; Seite 15: Darius Ramazani, VEM/Claudia Währisch-Oblau, Ramona Hedtmann, Endri Sulaksono; Seite 16: VEM/Endri Sulaksono; Seite 17: VEM/ Endri Sulaksono, Claudia Währisch-Oblau; Seite 18–21: VEM/Endri Sulaksono; Seite 24–25: VEM/Barbara Wengler; Seite 28–29: Pandu Wijaya; Seite 31: Jonathan Brown; Seite 32: istockphoto.com/mce 128; Seite 38–39: photocase.de/Markus Spiske; Seite 40–41: Norbert Filthaus; Seite 44: istockphoto.com/Daniel Talson; Seite 47–49: VEM/Endri Sulaksono; Seite 52: istockphoto.com/Peter Mukherjee, istockphoto.com/ZU_09; Seite 56–57: istockphoto.com/jjwithers; Seite 58: istockphoto.com/nicolesy, istockphoto.com/ImagesbyTrista, istockphoto.com/hidesy, istockphoto.com/junial, istockphoto.com/Steve Luker, istockphoto.com/nicolesy, istockphoto.com/skodonnell, istockphoto.com/4x6, istockphoto.com/coutyardpix, istockphoto.com/amriphoto, istockphoto.com/abdone; Seite 60: istockphoto.com/John Gomez pix; Seite 62–63: istockphoto.com/xyno 6; Seite 64–67: VEM/Endri Sulaksono; Seite 74–75: JoussenKarliczek GmbH; Seite 82–83: VEM/Heiner Heine; Seite 86–87: istockphoto.com/ 4x6, istockphoto.com/peeterv, istockphoto.com/izusek; Seite 93: Pandu Wijaya; Seite 96: istockphoto.com/klug-photo, istockphoto.com/Ken Wiedemann; Seite 102: istockphoto.com/Henk Badenhorst; Seite 104–105: JoussenKarliczek GmbH; Seite 106: thinkstockphotos.de/Comstock; Seite 108: JoussenKarliczek GmbH; Seite 109: istockphoto.com/igor terekhov; Seite 110–111: istockphoto.com/Kuzmik Andrei; Seite 112–113: VEM/Endri Sulaksono, istockphoto.com/David Lovere; Seite 114: istockphoto.com/1001nights; Seite 116: istockphoto.com/Radist; Seite 118: thinkstockphoto.com/Digital Vision/Leonard McLane; Seite 120: VEM/Endri Sulaksono; Seite 122: photocase.de/an.ma.nie;

DIE VEREINTE EVANGELISCHE MISSION

ist

missionarisch: Sie existiert, damit Menschen erfahren, dass Gott sie liebt.

international: 35 Kirchen in Afrika, Asien und Deutschland und die v. Bodelschwinghschen Stiftungen in Bethel haben sich zusammengetan.

ökumenisch: lutherische, reformierte, unierte, baptistische, methodistische und anglikanische Kirchen gehören dazu.

arbeitet

ganzheitlich: Evangelisation, Entwicklung, Diakonie und das Eintreten für Frieden, Gerechtigkeit und Bewahrung der Schöpfung gehören zusammen.

partnerschaftlich: Entscheidungen werden gemeinsam getroffen. In unseren Leitungsgremien haben Afrikaner und Asiaten eine Zweidrittelmehrheit.

in alle Richtungen: Alle Kirchen geben und bekommen Hilfe. Deutschland ist dabei genauso Missionsland wie Kongo oder Indonesien.

Einige Beispiele

Projekt „Evangelium und populäre Kultur": Dieses Buch wird auch auf Englisch, Französisch, Kisuaheli und Bahasa Indonesia erscheinen. Nicht nur in Deutschland, sondern auch in Asien und Afrika gibt es dazu Seminare und Workshops.

Internationale Bibelcamps: Die VEM organisiert auf allen drei Kontinenten Camps. Junge Erwachsene aus unterschiedlichen Ländern entdecken gemeinsam die Bibel.
Für Deutschland: www.biblecamp.de

Freiwillige: Junge Leute aus Deutschland leben ein Jahr in Afrika und Asien. Freiwillige aus Afrika und Asien kommen nach Deutschland. Afrikanische Volunteers gehen nach Asien und asiatische nach Afrika.

Inklusion: Die VEM unterstützt das Sebastian Kolowa University College in Tansania, das Studienplätze bevorzugt an Menschen mit Behinderung vergibt, und bildet international Diakonie-Experten aus.

Frieden schaffen: In Ruanda und im Kongo fördert die VEM Versöhnungsprojekte und unterstützt den Wiederaufbau und die Friedensarbeit nach dem Bürgerkrieg in Sri Lanka.

Austausch von Mitarbeitenden: Eine kongolesische Professorin unterrichtet an einem theologischen Seminar in Sri Lanka. Eine botswanische AIDS-Expertin organisiert Aufklärungsarbeit in West-Papua. Eine namibische Pfarrerin arbeitet in der Evangelischen Kirche von Westfalen. Eine deutsche Physiotherapeutin baut in Kamerun einen Ausbildungslehrgang auf.

Straßenkinder: Kirchliche Mitarbeitende, die in Kinshasa, Manila oder Medan mit Straßenkindern arbeiten, werden geschult und miteinander vernetzt.

Erneuerbare Energien: Im Hochland von West-Papua werden moderne Solarlampen montiert und zum Einsatz gebracht. Biogas- und Solarenergieprojekte werden auf allen drei Kontinenten gefördert.

Mehr unter www.vemission.org